中华武术典籍珍藏

民国武术文献选刊

第二辑　第八卷

崔虎刚　收集整理

北京体育大学出版社

责任编辑： 井亚琼
责任校对： 刘艺璇
版式设计： 高文函

图书在版编目（CIP）数据

民国武术文献选刊. 第二辑. 第八卷 / 崔虎刚收集整理. -- 北京 : 北京体育大学出版社, 2024.1
（中华武术典籍珍藏）
ISBN 978-7-5644-4013-8

Ⅰ. ①民… Ⅱ. ①崔… Ⅲ. ①武术－文献－汇编－中国－民国 Ⅳ. ①G852

中国国家版本馆CIP数据核字(2023)第254975号

民国武术文献选刊. 第二辑. 第八卷　　崔虎刚 收集整理
MINGUO WUSHU WENXIAN XUANKAN. DI-ER JI. DI-BA JUAN

出版发行：北京体育大学出版社
地　　址：北京市海淀区农大南路 1 号院 2 号楼 2 层办公 B-212
邮　　编：100084
网　　址：http://cbs.bsu.edu.cn
发 行 部：010-62989320
邮 购 部：北京体育大学出版社读者服务部 010-62989432
印　　刷：北京雅图新世纪印刷科技有限公司
开　　本：710 mm × 1000 mm　1/16
成品尺寸：170 mm × 240 mm
印　　张：10.25
字　　数：107 千字
版　　次：2024 年 1 月第 1 版
印　　次：2024 年 1 月第 1 次印刷
定　　价：98.00 元

筹委会

（排名不计先后）

【河北】

王雪松　董智勇　侯晓山　张春光　智　泳　李向东　王弘武　苏建中　魏朝辉
王英臣　赵　军　段雷朋　王欢迎　孟祥国　刘明华　王文革　董法胜　卢宝库
马新华　孟令斗　李学兵　龙　威　狄松涛　牛树天　孟令聪　张永泽　孟令兴
孟令江　张思雨　高立新　陆明文　赵世君　张守安　王向东　赵永亮　曹彦场
刘　念　许　栋　卢保卫　庄国伟　孙　健　巩国平　孙　振　姜海伟　徐书长
王　宾　王永涛　赵志勇　张剑军　孟祥龙　柴海生　田卫民　王铁英　张继斌
秦晓悦　刘红强　王长军　田振伟　田　伟　闫庆洪　郎立成　张坤伟　李　波
周　弘　郗建勋　刘光芒　王福庆　张星一　董贵轩　高国辉　孟春华　陈志刚
张增海　李常琳　章建春　张　斌　李　冰　王小龙　鲍玉龙　常　军　李会锋
盖国海　张铁柱　钟俊峰　张根云　任增良　宋分成　李保辉　卜元法　刘　雷
封佳良　李立兵　郝桂英　杨志英　赵连江　张　聪　夏令虎　李正国　丁　强
李文龙　王学武　陈宇明　李金龙　张　义　牛志勋

【山西】

李旭东　刘笃义　苗树林　李乃勤　张振杰　陈贵更　姚建东　张　欣　邢晓朝
王连恒　王　兵　马德祥　薛文江　温锦铭　杨　军　郝利华　李俊杰　王守禄
董冬元　张奇林　任晓平　沈炜东　赵京生　刘叔勤　梁光平　郭玉文　李　白
王理生道长　吴志刚　阎子龙　王宏伟　王　建　李德仁　郭润泽　高玉兔
许青行　孙君荣　陈　娟　赵国华　王银辉　胡晓琴　田志丹　韦树杰　温玉恩
胡元亮　马海平　张玉全　阴建文　王日兵　郭　扬　释妙修　高全民　何　军
冉高峰　李正业　王勇义　晨　曦　田正西　马学恩　郭晋博　王建筑　高宝东

王太晨　侯庆林　朱喜何　宋宝贵　宋俊芳　吴会进　王俊香　张楗军　王德俊
胡佳锋　王雨东　李青峰　史德全　吕　卓　梁文章　李宇鹏　于庆海　吕永昌
吕传泳　李景福　乔一铭　王攀峰　石大永　姬俊峰　贾国喜　吴利生　吴利民
杨志忠　胡安辉　曹中义　胡丽娟　武　冬　王　勇　陆向春　高　静　姬　才
殷文军　王苗祥　王仲文　江俊峰　张丕锋　白玉仁　刘铁铸　秦同文

【内蒙古】

刘井春　褚海东　孙根新　宋仿琛　范健宇　武静安　刘永文　郭迎宾　王浩亮
卢爱琴　乾　坤　白景春　张国华　吕瑞亭　刘世君　周彦明

【北京】

胥荣东　康戈武　徐　杰　于昕洋　肖红艳　酒大雷　姜启超　聂志涛　刘　翊
吕鸣捷　赵安平　尚远宇　王　凯　孙汝贤　牛立新　孙国中　党雪田　高晓光
贾永安　邸国勇　乔　宁　辛　强　刘　铄　程庆余　王　桐　赵天阳　左宇彤
韩俊瑛　孙嘉浜　孙文景　白石羽　德　全　欧　阳　万周迎　徐　鹏　刘路遥
李　谷　左　健　付洪波　成金俊　黄志刚　李　戈　彭　龙　陈　轶　高雪峰
王宝山　王中行　王沥斌　贞　达　孙庆丰　薛　岩　李　迎　张　斌　洛　尘
张　磊　金　微　秦保华　杨文学　王庆年　徐　许　刘福龙　孙国柱　刘满常
于　浩　张国儒　刘万成　于　江

【天津】

崔　巍　于经元　胡向阳　刘宝林　张天龙　张金旺　丁伯立　顾海波　赵文龙
王　诜　王福勇　崔媛媛　马延凯　张聚贵　孙国善

【辽宁】

刘洪刚　任　彬　于万凯　孟　涛　黄中元　高　朋　万　勇　梁　丰　孔德林
潘大庆　王秀如　臧福源　李保刚　薛圣东　孙贵东　袁　波　张　悦　韩宝轩
蒋秀山　侯　明　乔　武　刘英伟　张国志　刘计星　李金友　高　宇　马　畅
郑维钧

【吉林】

张　河　邓宇光　李　银　丁　皓　骆立文　王君波　孟　宇　徐厚祥　佟　冰
倪　郝　赵　耀　郭其武　袁洪范　刘　君

【黑龙江】

佟亮辰　张艳阳　陈玺镔　张指辉　王　皓　宋　梁　郭宝成　陈　斌　刘立国
毕文波　杜伟国　黄忠伟　李　冰　吴　俣　曹志峰　马宏伟

【河南】

张雄鹰　种明生　郭航海　王志远　贾自愿　安呈林　朱利军　释延布　杜长坤
刘启飞　石　勇　王农川　郑营俊　常青州　张　艺　马众森　王占敏　巩建松
倪根上　陈近仁　李朝乾　李紫剑　邢红义　李佩革　刁修华　梁靖予　宋尚军
释延巽　李红林　赖庆新　陈万军　郝跟上　张　帆　恒　勇　王子淳　张亚东
孙明亮　魏淑云　赵振选　王会武　耿　军　买西山　买　威　时晓武　买　勇
买仁萍　仵　锋　马德占　王长明　张伟兵　代忠波　张　玮　段建民　孙保才
李小欣　酒同标　酒小郎　苗轩国　孙和龙　孙随成　焦立武　王建设　刘培兴
苗鸿宝　苗步超　张运生　苗田营　苗富强　杨德民　胥兆飞

【湖北】

徐　斌　张建生　李应龙　刘　杰　石　峰　田　浩　夏四鸿　梁靖予　陈玄机
瞿凤华　秦声浩　严　飞　姜学斌　郑桂桐　胡炳林　李德民　薛兴江　胡圣奎
王卫红　焦通章　徐赐兵　黄亚平　戴珂铭　张　显　刘秋龙　马国平　薛劲松
李志武　丁大益　黄胜文　唐俊虎

【湖南】

苏若鸣　陈开喜　王常秀　张常海　邹　骁　刘建湘　黎昌元　向军华　张继桂
蒋谷川　滕召军

【广西】

黄耀丹　夏　敏　唐晓艺　严翰秀　赖铭强　梁杰乔　张容嘉　廖贤阳

【广东】

于鸿坤　蒋荣杰　任官生　蒋子龙　张俊林　蒋化一　李湘山　刘　泉　沈建杰
余锐镔　张勇强　方　金　陈　执　毕荣俊　刘志坚　靳清江　马廉祯　吴广添
邵剑波　梁伟民　颜志图　吴启贤　陈　伟　王　贵　张梦阳　陈福和　廖锦泉
方应中　陆常康　杨亚国　房向南　陈健志　覃海权　徐　宏　梁柏清　赵刚生
江善祯　房　生　黄　熠　李伟光　贾华兵　王会哲　林国生　吴晓辉　吴立群
冼伟昭　梁文楷　黄仕君　曾奕涵　钟立强　陈会祟　杨柳标　王邦菊　张广辉
刘志添　刘春涛　杨春茂　詹亮清　莫华法　罗浩苑

【深圳】

郑喜平　周　华　李翰青　曹革林　苏洪海　梁　丰　贾永唐　梁昌泰　张　雷
徐百军　连　成　蒋定臻　王继勋

【海南】

李　秀　陈东升

【山东】

高鹏熙　李满利　张松仁　谭京杰　王　刚　马　斌　刘　毅　孙胜辉　周云峰
王玉金　尤明达　厉善祥　刁长俊　周庆春　孙丰玺　许　峰　王芝强　王　斌
刘维明　战文腾　宫智辉　倪德飞　孙思蒙　张　斌　郝代远　史　鼎　康汝宙
郭　宁　张长生　赵延俊　张胜利　张克田　周　游　刘　伟　安宝东　刘军农
董玉明　王景钏　贾友民　张树远　李保庆　王继国　王焱鹏　潘　章　高　承
李万温　张卫东　王宏全　王　伟　梁国爱　李海涛　李飞林　刘连洋　王国川
郑中华　张彦营　姚　磊　刘东强　白正刚　吕延波　洪卫国　张延斌　谷志强
孙晞棠　赵国忠　邓　桦　曹广超　周　琦　陈　雷　泰　祯　李安国　郭英新
徐西林　董志忠　张乐华　孙瑞全　张元海　刘龙昌　谭凯文　冯长源　杨　雷
张　涛　李其胜　梁殿品　张祥泽　朱宗启　薛士玉　杜孝伟　朱永强　樊　霄
杨圆义　刘道毅　李若现　王立岩　要学良　刘圭生　郭玉刚　张　鹰　李金顺
彭维利

【江苏】

杨　忠　窦小彦　许　忠　江其林　兰顺林　王存果　刘季月　周晓明　卜照生
张　亮　马　伟　时丕昌　师厚春　徐　帆　林圆龙　梁　雪　王新跃　谢逸繁
李　胜　解建昌　张爱成　沈枫涛　翟爱武　王吉波　张爱春　王海港　胥子连
毕明府　程　明　刘　通　陈军民　虞洪涛　张　滇　陈灏梁　景怀义　韩运疆
宫翠峰

【浙江】

仇富军　吕　亮　倪顺坚　孙　吉　杨秦健　张　斌　金　翰　王良辰　李继红
蔡德强　戴有木　张青松　马俊成　刘　柱　俞永辉　刘立存　李诚勤　张　俊
高宜挺　许科军　俞佐清　顾　坚　王圣华　刘小峰　杨　华　陈碧如　邓显群
顿鹏辉　江　澜　王一静　姚步高　江敏华　王纪杰　蒋　文　陈宇阳　钱周锋
周　明　蒋仲清　陈幼根　周　锋　陈沛宝　赵　青　凌风子　景　然　周美良
潘小江　卢成昌　潘石弟　凌懿文

【福建】

王福民　蔡卫权　倪忠森　王振河　张祖永　蒋秀山　许剑云　陈向荣　孟庆贺
连国汉　林　峰　俞景耀　陈恒演　涂智兴　罗建晖　林和顺　胡文辉　梁　涛
林建栋　吕信明　周　攀　杨　晗　刘有春

【安徽】

胡春泉　曹　军　钱军帅　祝安园　聂红松　江　奎　魏　冰　毛立欢　冯　皓
欧阳兴业　马　林　铁中玉　刘俊杰　王靖华　武爱东　陈晓东　徐永银
吴　笛　陈　军　赵　飙　张宏华　王　磊　吴　昊　胡卫东　吴　伟　谭全胜
刘法志　汪　泉　乔长良　朱红军　杨纯生　卫　存　卢　杰　秦　琥　王学东
聂　刚　曹其根　曹季泉　曹加才　纪良发　曹　凯　董德霖　张　博

【江西】

熊庆云　钟水清　李舒霖　郭木青　王联军　唐毓堃　张功燚　李江明　屈　群
刘　超　应宗强　李洋洋　陈　军　乐　繁　代建国　钟祥明　虞法志　章新尧
林爱兵　林国生　刘炳开　童加清　李曦初　李海斌　王禹平　崔瑞郡　李广华

【上海】

林　杰　谭振勇　朱长跃　樊永平　杨雨辰　金培贤　金俊达　尹　捷　薛怡平
鞠学东　阚水源　凌先生　孙连盛　杨志承　孙经纬　王宝财　谢琦辉　刘　志
何轻舟　吴爱民　宋　旭　游　清　释永照　董家良　董纲成　陆龙祥　陈海光
梅永福

【陕西】

李　钢　张　钢　郭华东　邵　华　杨俊伟　罗　德　董安强　贺元瑞　杜群喜
杨伟峰　王晨生　杨　坚　白永东　孙　武　陈少纯　郭桂荣

【甘肃】

郝心莲　辛富国　金　宏　李宝才　温世杰　马　伟　汪子竣

【宁夏】

杨文舜　梁杰乔　吴　涛

【青海】

马宏伟　朱春明

【新疆】

赖宝珊　任　军　黄尘哲　张新民

【云南】

黎丽辉　曾　瀚　李太宏　鄢　博　赵顺军　张晨光　叶昆生

【贵州】

杨绍平　谢明宇　刘　曦　孙鲁龙　黄　檠　刘庆涛　曾昭弟

【四川】

侯　毅　古海啸　梁军民　金　亚　李　阳　周新杰　罗　斌　王伟骅　陈兴均
曹　卉　兰　唯　唐博文　郭　建　邱湘彭　罗小波　唐　昶　黄趾洲　温昌奇

【重庆】

罗　明　徐泉森　罗先雄　曹晓东　陈治军　张文欣　张宗华　周光华　黄文才　吴洪明　刘天海　袁一晋

【香港】

李健雄　Mehdi　谢永铭

【台湾】

杨正隆

【其他国家】

黄少武　王振身　陈　闯　龙勿用　胡耀武　柳寿晨　容光远　张立彪　甲斐正也　村上正洋　片桐阳　马永光

特别鸣谢

李金明　王彩鲜　李延春　庞明泉　李　翔　智晓园　于　芳　张　梅　周兰英

安　毅　王新瑞　李克宣　崔并花　杜崇开　刘　洽　张　昭　李继光　薛思问

杨春兰　李　懿　邹德发　吴世勋　高友孝　刘瑞荫　黄兴发　王云山及其姐

袁树礼　郭荣珍　耿爱梅　刘丽俊　郝富义　李补鱼　郝锦园　杨桂芳　杨洪喜

刘怀玉　钟雪友　蔡震升　伦怡馨　高　瑛　李龙城　张魁武　柳百成　张德生

李建勇　贺国安　王慧琴　冯银刚　韩太民　韩原民　曹东红　王　浩　韩常林

韩焕茹　尤素娥　赵海凤　胡玉洁　张桂兰　田喜凤　郭宝芳　魏宏斌　袁建斌

郭　宏　马润生　冯骑明　阎文辉　焦清华　王秀丽　郭　刚　韩秀英　卢冬光

张雪刚　尹贵龙　范阿宝　朱建华　巩爱平　胡建彪　何建东　郝宪伟　郝建邦

郭仁实　高澍芃　江敬斌　薄建东　郑　炜　周　宏　吕　毅　徐用生　田春林

李　明　师维勇　韩小华　尹小玲　赵学毅　刘巧莲　任建玲　赵媛凤　义瑞珍

张玉香　张秀玲　魏巧燕　王小源　海晓霞　刘庆林　赵丽华　徐　静　姚书典

殷　岩　王小根　王海英　宁晚林　胡玉亭　乔　栋　田振山　林　纲　赵大春

朱　峻　王民忠　李　刚　顾武安　李　峰　章　青　叶林忠　贾云杰　许树华

杜　箐　刀京梅　孙慧敏　姜淑霞　王占伟　王艳玲　常学刚　梁伟民　王跃平

冉宏伟　王　蓉　苑博洋　胡志华　李博伦　宋杨萍　韩　翔　田海英

恩师朱华先生、师母冀秀珍女士

父亲崔官禄、母亲王玉莲及兄弟姐妹各家人

目录

十八般武艺全书　下

提要

《十八般武艺全书》，一册，铅印本，无封面、扉页等，其他内容完整。由《十八般武艺全书目次》而知书名，并由间或出现的图书广告可知，该书是公开发行的图书。作者或编者信息，以及成书时间等待考。

诚如书名所言，书中确有“弓箭法、弩法、长枪法、大刀法、白猿剑法、长矛法、盾牌法、板斧法、钺法、戟法、钢鞭法、双锏法、笔挝法、殳法、叉法、钯法、棉绳套索、白打”等十八般武艺，另有附录十二段锦、外功练习法，内容极为丰富、全面。

全书各部分编写体例基本一致，均为先理论后技术讲解的结构，理论内容的编排和技术讲解的结构也大体相同，显示出编写者构思完整、成稿老练。细看行文，尤其是各部分内容的技术讲解，似乎为多人合作编写。全书各部内容均起自单数页，未免留白，编辑多次以插入广告或调整版式等方法加以处理，显示出熟练的编辑技巧，但目次中的附录十二段锦，在正文中实为软功之门径，则显得百密一疏。

该书内容丰富、结构严谨、编制巧妙，为研究民国时期的武术和武术图书的出版，提供了良好的素材。

一、橫刺

先用左手執戟。如鎗法之起勢。進前二步。同時用右手接住。起一盤頭。然後向右一宕。再向左方用援橫刺。取敵人上路。身直立向前。頭部偏左。目注於援。戟斜上出。比肩略高。援左內右。式如下圖。

二、斜勒

依上式不必收戟。從左轉身向右斜後方。如回馬鎗勢。用邁步前進二步。此爲用援之內刃。鈎住敵人之後。勒之使倒。而順勢擒之之法。主力全集於援之內刃。身體前向。頭目回顧於援。式如下圖。

三、肘逼擊

依上式收戟轉身。起一盤頭。用左肘緊靠戟柲通之外擊。足用左斜弓步。此蓋防援未能鈎搭敵人。或鈎搭而脫落。若不轉手取之必爲所算。故須用戟柲擊之也。式如下圖。

四、反剔

依上式用肘逼擊後。轉手使戟援向右。內斜向左上。然後騰步轉身。翻內上剔。如鞏擋中之斜冲劈勢。足向上式之反對方向作左斜弓步。此爲取敵人腰脅二步之勢。式如下圖。

五、冲劊

依上式收戟，先起一盤頭。略將右手縮攏。絞步轉身。復正前方原向後。雙手舉戟。援左內右。用援之外刃向前劊去。足成右前弓步。此爲取敵人胸部之勢。戟宜平置。式如下圖。

六、釘壁

依上式收戟。起夾花轉身。至背後時。卽用戟內。從左面向敵人右腰部橫築一下。然後轉手。將戟翻向右方。向敵人左腰橫築一下。此爲左右並攻之法。手法極宜迅疾。使人防不勝防。轉手時猶須不露聲色。式如下圖。

七、平鈎

依上式不必收戟。但將戟平置。向前一探。再將內向左攏進。使敵入我戟之內。然後用內鈎搭之。翻身騰步而進。如舉篙搭岸。使船急進也。與第二式略同。不過彼用援而此用內。彼斜出而此平鈎耳。式如下圖。

八、直劈

依上式前進二步而止。先將戟柲往前一送。雙手移至離胡三尺之處緊握。倒過戟柲。用滑步轉身。雙手掄柲。向前力劈。此爲虛實互用法。與司馬鎗亦復相似。不過專取敵人之頂門耳。式如下圖。

九、翻刺

依上式先復雙手至原握處。起大盤頭夾花。轉身略作後退狀。先撤左手向後一幌。復原轉囘戟柲。轉援向右外。從右翻身。向斜下方猛力劈刺。式如下圖。

十、截勒

依上式不須收戟。但故意向外再宕出三四尺。卽乘此閒隙之會。轉手使援向左。然後用柲囘截擊。如敵人已過戟胡。亟退後一步。用胡上向外之刃勒取敵人。與斜勒彷彿。式如下圖。

十一、挑擊

依上式收戟後移兩手握於柲之中央。起夾花。身體隨花旋轉盤至右方時用柲向左斜上方挑擊。盤至右方時。向左斜上方挑擊。左右各行一次。式如下圖。

十二、橫砍

依上式撤雙手復原處。注全力於戟胡。轉手使胡向右。然後卽用胡刃。向右猛砍。戟之部位。略帶下斜勢。如大刀中之砍法相似。此爲取敵人中下二盤之勢。式如下圖。

十一

十三、囘斫

依上式不必收戟。右砍之後。乘勢將戟翻過頭上、單手提戟。此時內向上。援與胡皆向下、用內之銳刃、向右下斫去。同時變右側弓步爲左側弓步、全身向左、此爲取人上盤之勢。式如下圖、

十四、冲刺

依上式抽囘戟柲、先起一花。然後將戟從右上方向後宕去、翻至垂直與肩背成直線爲度。一蹬足變換步法。戟援從右下方泛起、向前上方上冲猛刺。此爲取敵人喉顎之法。乃戟法中之殺手。式如下圖。

十八般武藝全書之十一

鋼鞭法

（一）鋼鞭之考證

鋼鞭亦爲短兵之一種。其由來與鐧同。惟鐧必雙用。鞭則有單雙輭硬之分。考諸古籍所載。大都係單鞭硬鞭。稽之現在。則都重輭鞭。輭鞭之製。不知起於何時。創自何人，至雙鞭之法。疑後人因見於鐧法雙用。攻禦並行之便利。故竊其法。易單爲雙。然鞭鐧同爲無刃之短兵。不過形式稍異。至若掄舞攻禦之法。主力點、既完全相同。自不能大異。彼創雙鞭者。亦正見其矜奇眩世耳。鞭之區別如是。而名稱亦至不一。即就硬鞭而言。有竹節鞭、虎尾鞭等數種。其餘無論矣。大概皆就其形式而釐定其名耳。然因名之不同。其法亦因之而門戶雜出。多少不同。惟尉遲鞭法爲世所崇尚。但近已不得其傳。甚堪惋惜。此外卽尋常之硬鞭法。亦大都拾各短兵之唾餘。勉强組成。亦正不可爲訓。故本編以軟鞭補其缺。蓋不願以魚混珍珠也。

（二）鞭之搆造

鞭以純鋼製成。間亦用銅。長五尺。重量二十斤至四五十斤不等。全身笛直而圓形者。謂之渾鋼鞭。握手處曰把。把上有護手。把末有呑口。此外竹節鞭則將鞭身分爲若干節。製成竹竿形。虎尾鞭則節短而錯雜。有如虎尾之斑文。節稜較竹節鞭略低。以上三種。皆爲硬鞭。至輭鞭則共分鞭爲若干節。每節約五寸長。節之兩端皆有一鋼環連綴與彼節。如此首尾啣接。成一四尺餘之輭鞭。此爲九節鞭。鞭頭略尖。鞭尾握手處。亦算一節。並無護手。末端有千斤索。可套於腕上。其餘十一節十三節鞭等。皆減短其每節之長度。而增多節數者。搆造無甚分別也。輭鞭攜帶最便。可以盤束腰際。人不易見。用以防身。最爲合宜。臨敵時若無別種兵刃。則鞭亦可應敵。若用別種兵刃。則鞭又可以退居暗器之列、乘不備以取人。至今此法盛行於北地者。亦以此耳。

(三) 輭鞭之使用法

鞭以輭名。使用之法。當然與尋常硬器不同。必須輭功純熟。能寄剛於柔。然後可以使輭器與硬器同其功用。否則輭鞭在手。如弄死蛇。灣曲萎弱、不足爲用。且鞭之爲物。名雖曰輭、實則輭處在乎節間連綴之鋼環。非全體綿輭也。爲剛柔並行之器。故非有實力以臨之、輭功以輔之不可也。未若綿繩套索之專以柔勝者可比。故欲習輭鞭。須先練輭功、次重實力，蓋實力不充。猶可以減少鞭之重量以補救之。若功夫者。必久練而可收其成効。非咄嗟可立辦也。輭鞭之主力點。爲上端、之第一節。卽鞭頭是也。練習之初。卽宜注意於此。務與掄舞急驟際。能運我腕力。入於鞭頭。使鞭如龍鬚如虎尾。活潑生動。我欲左則左擊。欲右則右擊。上下前後。一惟我意念所至而擊之。始爲上乘。若用鞭之全體以擊人。一則易於閃避而搶奪之。二則鞭縱着人。力亦不足。正如手之鐵練。掄舞擊人、正不必大費周章。造成鞭形也。依上述之法。而能運力於鞭頭。指揮如意矣。然後再用有秩序之鞭法以組織之。使攻禦進退、各得其道、臨敵時不至有進退失據。攻禦匆迫之弊、我故曰、用輭鞭完全用鞭頭之一節。其餘若干節。要不過輔助而已。欲運使鞭頭非精研輭功、不可世之習此者、其三注意也、

(四) 輭鞭十一法次序

習鞭之難、全難於功。功如精熟使用極易蓋其法至簡。而家數不多。反復行之。能神明變化、如蛟龍夭矯。頗不易破。但須輭功到家、氣力充足耳、茲將其法錄下、

(一)抽鞭勢　(二)三花蓋頂　(三)拉虎勢　(四)折截鞭　(五)摔鞭　(六)旋風掃葉　(七)穿雲箭　(八)撩陰鞭　(九)金鉞度月　(十)掃膛鞭　(十一)朝天一柱香

軟鞭十一法動作

一、抽鞭勢

軟鞭盤束腰際。末節與頭。皆在左側。用活結式扣牢使用時只須套索於腕。握住末節。向外一抽。鞭即脫然而出。抽時向右面之前斜上方。身體直立左手向後方斜垂。雙目注於鞭頭。式如下圖。

二、三花蓋頂

依上式抽出軟鞭之後。略沈身成馬步。同時用鞭從下泛上在左側畫一圜、折向右方依法畫一圜。然後提至正中。向下擊去。略帶後抽提勢。使頭可扦下攻人。式如下圖。

三、拉虎尾

依上式將鞭在頭上畫一平圜。及手握末節。使拳口向左鞭頭向右變馬步爲左側弓步用力向左後方拉去使鞭向敵左肩部捲入其力全聚於前三節式如下圖。

四、折截鞭

依上式捲至左前方爲止。急反手握鞭復原狀。從下折回右方畫一大圓，至左前上方時落下。轉手折右，向敵腰部猛擊。此時變步法爲右側弓步。面前向，式如下圖。

五、摔鞭

此爲順手鞭法，左右俱可行之。隨時觀前後勢之相宜何方，卽向何方摔去，所謂摔者，從旁橫擊式也，與鐗中之攔，斧中之攔腰搥等法相同，惟主力略異耳，步亦弓馬皆可。式如下圖。

六、旋風掃葉

此卽合左右大花花平頭爲一法。而內寓折鞭勢。先自左方從下逆起至平頭至正前向胸際提入使鞭頭扞下舞時身體亦向左逆轉復原向爲度式如下圖。

七、穿雲箭

此爲鞭頭刺人之法最不易行。依上式再起一平頭花。至前落下時反手搶握拉虎尾勢。將鞭略向後一帶。使鞭頭上昂然後運足全力向前猛射用鞭頭刺人咽喉式如下圖

八、撩陰鞭

此與上法相似。惟專攻人下盤。依上式之餘勢，將鞭從上向後盪一大圈。向上泛起。往左斜下方帶入一撩。鞭頭卽向上直刺。以取敵人陰部。式如下圖。

九、金鎗度月

此與穿雲箭相似。不過一向前刺。一向旁刺耳。依上式手還原。起一平頭至左前方時，將鞭向右一抽。使力貫全鞭。然後向左刺去。式如下圖。

十、掃膛鞭

此與掃鎗、托梁換柱等法。完全相同。鞭自右起。向左就地掃去。至自己足旁時。用左手托地。提起雙足。讓從足下後掃。式如下圖。

十一、朝天一柱香

依上式鞭復原方向時。不必轉手起花。只須前進一步。提鞭上冲。與鐗法中之上冲刺同。然後退一步。將鞭下捺，使鞭頭向自己飛回。右手撤去握手。搶住鞭頭。（按此爲收鞭勢）式如下圖。

十八般武藝全書之十一

叉法

叉之由來

叉之由來。較各種兵器爲後。宋元以前。初不見用諸戰陣。或謂漢時蠻人。皆以此爲利器。又謂叉爲古時獵獸之器。如上說。則叉實創自南蠻。如後說。則叉創於獵戶。孰是孰非。亦未能斷定。始自何時。亦無從稽考。姑置不論。至飛叉之法。宋代以前。迄無所聞。創之者爲宗澤偏將張純。純爲花縣人。力猛如虎。善使飛叉。能於二十步外取人。發無不中。時行伍中從而習者。頗不乏人。據此說則叉始於南宋。以法之創始而推諸叉。卽謂爲叉亦創於是時。亦無不可。惟其法初甚簡單。不過掄盤、飛擲、擯擊、搶接諸法而已。其後代有增減。然皆從以上各法中變化而出。卽今日所傳之飛叉法。雖分路甚多。皆跳不出此六法。但就此六法雜亂而複疊行之耳。惟習此者。以南人爲多。北派武術中習此者甚少。豈發源之處。視爲不足貴乎。抑以南渡之後。其法流南方北方反不得其眞傳乎。

叉之構造

叉之爲器。介於長短之間。其爲用。實有類於弓弩。飛出之後。順步搶接。並不虛擲。非若矢發而不能收回也。柄長四尺六寸。以硬木爲之。如棗栗椐檀木等皆可。前細後粗。前端裝叉頭。叉頭三股或五股。三股者。中股與柄同方向直出。股頭如箭簇。中尖而兩面有刃約三寸許。旁兩股相對略作圓形。至離中股之刃三寸處。亦有尖刃三寸。與中股並出。惟略較中股爲短。三股銜接與柄相連處。置有鐵片二。可上下翻動。掄舞時錚錚有聲。以亂敵耳目。亦如刀之有九環潑風刀也。至五股叉。則於中股之旁。增加二股。亦直出。略短於中股。外二股如前述。比旁股更短。今之用叉者。恆多三股。五股叉實所罕見。蓋亦如刀之有三尖兩刃。鈀之有九齒五齒。雙面單面之分耳。其使用之法。恐除六法之外。未見有所畏也。故本篇以三股爲法。

叉之練習法

飛叉之法。雖寥寥數路。就表面言之。至爲簡易。不知叉與別種兵器之使用法。實完全不同。蓋普通器械。主力恆集於手腕。能舉其器。卽不患不能掄舞。卽軟器如棉繩套索之類。就以雙手緊握而旋舞之。遠射之器如箭弩之類。能引其弓。自能發矢。能上其紋。卽能發弩。目力正確。自能中的。且發而不收。較爲略易。惟叉旣介於長短兵器之間。其法又出於軟硬兵器之外。完全不用手握。惟仗兩臂之磋擦。使之旋動。再以肘掌之力。使之撲敵。一叉旣發。尤須用靈捷之法。而搶接之。再變化手法。而攻襲。是誠非易事也。初學之人。宜先練習磋擦之法。其法主力。全集於臂肘間。如左手向外擦。右臂向內磋。或反是而行之。務使叉不脫臂墮落。外擦時臂略向下按。磋時臂略向上提。互相牽掣。

則叉自能旋動矣。雙手純熟之後。次習單手之盤叉。其法用單臂在靠叉頭尺許之處向外緊靠。須帶收勁。使叉在臂間盤繞。如流星之繞月。且須左右並行。此法純熟後。次習背花。即使叉從右在背上滚過。翻入左臂。或自左而右。此則借盤磋迅疾之餘力。兼以轉身之勢。故不甚難。此後再練飛擲。須先標定遠近。不及固無用。過頭亦不足制勝。且飛擲時。不可使全力直向前方。須帶抽勁。始不至一發而不可收接。飛擲之外。應習搶接。先將叉左右上下。任意飛擲。待其叉頭轉下時。亟用雙臂搶接而磋盤之。只不可用手握。雙手熟習。隻手自易。習叉者能於磋擦、盤旋、飛擲、搶接諸法而一一熟習之。則無患其不能指揮如意也。惟磋擦也。盤旋也、飛擲搶接也。皆非徒用猛力可以收效。非氣力一貫。軟硬並行不可。質言之。即硬工夫不適用於叉法。故習叉者。宜先練習軟工。蓋從軟工中所練出之力。即使器械脫手。其臂力仍如一線遊絲。憑空貫注。所謂械脫而力不脫也。力既不脫。則飛擲時自能收蓄。不至無的放矢也。至搶接時。力本相貫。自如磁石之引針。更不勞多費手脚。我故曰。欲習叉法。非先從軟工入手不可。

飛叉十七路順序

飛叉母法共有六。即掄、盤、飛、擲、攢擊、搶接。前已言之矣。後又加以背花、盤頸、肩撼、頂擊、翻射、等五法。亦止十有一路今云十七路者。蓋過門、啣接、轉身、換手、等處因求利便。不能不複疊演之也。其複疊最多之法。以盤、與背花、爲甚。蓋承上起下。非此不能啣接也。惟此十七法。爲南派武術中之祕傳。江陰老拳師陸子壽。視爲鎭家叉法。不肯輕易授人。故與近代盛行之叉法。頗有出入。短少精警。法無虛設。非若今人之專以繁複冗長爲能事也。世之擅此術者。演舞一過。當能知其妙處之所在。不至河漢斯言也。習叉者。盍共宗之。茲將此十七法之次序錄後。以資研究。

(一)翻江攪海　(二)飛天夜叉　(三)右盤叉　(四)背花　(五)側飛　(六)白練橫空　(七)金龍盤柱　(八)左盤叉　(九)翻射　(十)搶接雙盤　(十一)攢擊　(十二)背花搶手　(十三)頂冲擊　(十四)大翻盤　(十五)雷鉞劈木　(十六)翻射　(十七)蝎子挺尾

一、翻江攪海

此卽雙手磋盤之勢。惟與普通之磋盤。略有不同。彼則專向一面。此則須運用轉身。向四方旋轉。使叉環繞周身。不留空隙。敵械無從而入。轉身時宜用緩進絞花步。以轉二周爲度。而仍原向。式如下圖。

二、飛天夜叉

依上式磋盤至正面時。撤開左手。叉於腰際。右臂將叉單盤一周。運用全於右臂。然後在叉頭相近之柄。上向上梟去。使叉向前上方飛去。叉平頭向前方。式如下圖。

三、右單盤

依上式即用箭步進身至叉下為度。待叉頭轉下時、急用右叉接住臂頭相近處、用單手盤叉法。向外鈎搭、使叉如白虹繞日緊繞臂間、行五七周再行變換。此式身體不轉。式如下圖

四、背花

依上式之餘勢。將叉從右臂之外旁。擦之向後。上身向前下俯。輕輕扭旋。使叉可從背上滾向左方。此時叉頭向上。待至左肩背時須扭身用左臂接叉。叉頭即轉向下方。式如下圖。

五、側飛

依上式待叉翻至左肩背時。亟扭轉身軀。用左臂接住叉頭相近處之柄向外單盤二三匝。然後運用全力待叉頭轉左斜上方時。即猛力向左提勁飛擲。叉發出同時用箭步前進。式如第三圖。

六、白練橫空

依上式全身跟叉前進。以人至叉下爲度此爲平出叉。非若第二路之閒暇。故不復能用單雙盤接。人至叉下。宜亟用右臂在叉柄中段。力往上臬。使叉向上平飛。然後再用他法收接之、式如下圖、

七、金龍盤柱

依上式將叉臬上後、雙手收回叉腰際、頭上舉。待叉頭翻轉下落時。頭偏向右。讓過叉股。亟運力於頸。撥動叉柄使依頸盤繞、與臂之單盤略同。惟彼爲前劚。此爲平劚耳、式如下圖、

八、左盤叉

依上式盤頸五七匝。待叉橫至左肩時。亟用頸將叉往外猛磕。使叉向左橫出。然後起一騰步跟進。用左臂接住叉柄。單手盤旋之。與第三式略同。式如下圖。

九、翻射

依上式左臂盤數匝後。將叉向上猛力梟去。與第六勢同。不過彼用右手。此用左手耳。待叉下落時。不用接法。運全力於右臂。用磋擦之勁。在叉柄上猛撐一下。使叉翻身向後方射去。式如下圖。

十、搶接雙盤叉

依上式待叉射出。亟騰步轉身。隨叉而進。先用右臂接住叉柄。轉過叉頭。然後雙手盤旋之。與第一勢相似。惟彼則身隨叉轉。此則身軀不動。專以叉盤也。式見第一圖。

十一、攢擊

依上式將叉盤至頭向右方。叉身平置時。即運右臂磕叉。使向右方平擊。勢與第五式不同。蓋彼叉身轉叉頭之方向而飛出。此則叉頭向前。叉身平。向右方橫擊。二者不可相混也。式如下圖。

十二、背花搶手

依上式箭步跟進。雙手接叉。略盤一二匝。即變勢爲背花。待叉自左翻至右肩背時。亟扭轉身軀。用右臂將叉往上一抬。至叉柄上與肩齊時。用臂向外一挫。使叉頭向下。將及地時。再用足尖在叉盤上一挑。使向前飛射。式如下圖。

十三、頂冲擊

依上式用足尖挑叉外射後。進步搶接。由右單盤進爲金龍盤柱。繞頸三匝後。將上身往下一挫。使叉橫架頂門。待叉頭盤至正前方時。即用頂門抵住叉盤。往前猛力一磕。使叉前射。雙手叉腰。式如下圖。

十四、大翻盤

依上式進步搶接。先用右手單盤。順向右轉。至一周處。將叉從頭上飛向左方。再用左手單盤一周。如上法飛同右方。左右各行二次。轉身則以叉而定。叉左則左轉。叉右則右轉。式如下圖。

十五、雷鍼劈木

依上式叉回右手時。先將叉柄猛力向上一提。叉頭扦向下方。叉身高過頂門。然後用手掌側擊叉盤。使叉向前下方。猛力飛射。略帶斜勢。式如下圖。

十六、翻射

依上式騰步進身。舉右臂梟叉使上飛。然後扭轉身軀。用左背臂逼叉左翻射。法詳見第九勢。圖不附載。

十七、蝎子挺肚

依上式用右手接握叉柄。高舉頂門。叉頭向前下方。左手作側掌。左足作寸腿。式如下圖。

十八般武藝全書之十三

筆撾法

筆撾之由來

筆撾亦爲古兵仗之一。形式奇特。長一丈三尺。柄端安一大拳。拳握一筆。純以鐵製。其重量不亞於斧鉞。舊式儀仗中時見之。此器大約亦始於周秦之世。非猛勇之將。不得其用也。近來習此者。已寥若晨星。蓋古法失傳矣。惟鎚鋭之法。皆脫胎於此。略能想象耳。嵩山拳叟李傑。曾從名武師真傳。轉輾傳授。故北方健兒多能之者。法只十五手。而各勢不同。非若刀鎗劍斧等法之有重複。蓋古人隨勢換法。並未加以組織耳。然按揄舞。亦並不覺其散漫無序。而每手換勢。尤見其神化敏捷之妙。惟器重無鋒。專以猛攻見長。毫無含蓄之意。未始非徵疵也。故力弱之人。決不宜用筆撾。因易遲鈍而受算也。

筆撾之構造

筆撾柄長一丈二尺。柄之上端。置一握拳之手。對徑約一尺。宛如手之連屬於腕臂。手中橫握一粗梗之鐵筆。兩端橫出拳口外者。約各五六寸。筆尖有鋒。銳利如鎗尖狀。亦作棱形。全體以鐵製。統計長度爲一丈三尺。重量不等。隨用之者之力而定。大率最重者。自五十斤至百斤爲度。其最輕者。至少亦在三十斤以上。若再輕則桿細而撾小。非但觀瞻不雅。且亦不合於用。故用撾亦如用斧。可以一望而知其人之勇猛也。

筆撾之使用法

筆撾之構造。已如上述。而其主力所在。不難就其形式而得之。首屬於撾。次重乎筆。若桿者。不過助擰撥之勢耳。撾之形既完一拳。以撾取人。亦正如握拳攻敵。是不啻借力於一鐵拳而殺敵也。拳術擊人之法。不過沖劈搥擊等法。撾既同形。安能異是。如用筆取人。又如我人之用匕首。跳不出扦插刺勒各法也。所不同者。特多一長桿。使用時之轉手過門耳。使用時。多用陰陽手握柄掄舞。間亦有用隻手者。如攔截勢上劈勢等是也。其餘手法參酌刀斧長矛而融化之。無甚大差別也。

筆撾十五法順序

筆撾主重沖擊搥攔各法。因其器而利用也。與斧鉞法略相似。以無刃故。不能劈砍。而易之以搥刺擊刺等法。利用筆也。餘法如沖、搥、鞭、等法。與斧法絕無少異。十五法者。卽撾、筆、捍、使用之母法也。茲錄其順序於下。（一）吞龍勢　（二）披袍獻甲　（三）直沖　（四）短手搥　（五）開山勢　（六）撤手搥　（七）飛隼穿雲　（八）側沖刺　（九）泰山壓頂　（十）毒蛇入洞　（十一）沖天刺　（十二）雷鉞劈木　（十三）橫掃千軍　（十四）截刺　（十五）後宕搥

一、吞龍勢

此爲起手法。與大刀法中之雙翦相同。先將撾向右一宕。捲入敵人左腰。再略抽回。向左一宕。捲入敵人右腰部。名爲吞龍者。因門戶在中路也。捲入時宜用撾之拳背取敵。若用筆尖。則變爲飛隼穿雲毒蛇入洞勢矣。宜注意。勢如下圖。

二、披袍獻甲

此爲前後有敵。舍强攻弱之法。乘上式餘勢。收回筆撾。向左後起夾花。至右前方時撤開左手。右手單提筆撾。從右下向後方擊去。亦不變步之取敵法也。擊時仍用撾背。惟匆忙須轉手時。可不必拘泥。隨勢用筆用桿皆可。勢如下圖。

三、直冲

直冲、卽徒手中之屈臂作勢伸拳擊人之法。乘上勢收轉鎚撾。左右手仍陰陽固握。將撾收到極後。右手握處。緊貼腰部。左手握處貼置右肋間。然後乘此收囘之反力。向前直冲。始能着力。此法宜攻人上中兩部。不宜用於下三路。冲出時須注意敵人步。以防閃避。自已顚入也。勢如下圖。

四、短手搥

搥法有左右正側之分。短手搥者。卽用陰陽手握撾。以攻取就近之敵。搥之主力在撾。敵近而用長手。撾在敵後。無能爲力矣。乘上冲搥收囘之勢。起一盤頭花。落下時用撾背從橫擊去。此法左右皆可行。取人中路之勢式如下圖。

五、開山勢

此與刀法中之量天切菜。斧法中之獨劈華山相同先收回上勢、左右起一大夾花待撾從右後方拗向前面正中時、將右手收近左手、略轉手法猛力向正前方劈去、筆尖向下。撾背向右、為取人項門之勢、式如下圖、

六、撒手撾

此為撾法中之長下、與第四勢略異。乘上法之末勢、不必變換手法、用右撾勢起左右旁面花。略如斧法中之莊家劈柴勢、然後作一大盤頭、沉下身體。落下筆撾。從旁撾去。雙手握法與上勢同、此法亦左右可行。在對敵時之因勢施耳。勢如下圖。

七、飛單穿雲

此爲攻人上盤之法。撒手餘勢未盡時。將摑順宕盤頭、轉手用筆取敵太陽穴、如右搥之後。宕向左方、轉右以攻敵左太陽穴。如左搥之後。搥向右方轉左門取敵右太陽穴。且可於右穿雲之後。捲下泛向右方攻敵、此爲左右並行法。勢如下圖。

八、側冲刺

此爲虛實相映法、先用冲搥。向側攻敵。故逐彼使向旁閃避。再用攔刺襲之、依上勢收轉筆摑。略起一正面花、同時兩手復陰陽勢。向左側發一冲搥、若敵左避。順勢用筆攔刺之。若向右避。逆勢轉手攔刺之。主力在筆尖。勢如下圖。

九、泰山壓頂

此法與開山勢相似。所不同者。彼爲長手。此則短手彼主力在筆。此主力在擸掌耳。收回上勢起一右側花、向前猛擊勢如下圖、

十、毒蛇入洞

此法與飛隼穿雲勢相似。亦不過長短手。上中盤之分耳。依上式將筆擸略提起。向右上方畫一大圜。捲下急轉手攻敵左腰。如攻敵右腰。但須反向左方畫圜耳。勢如下圖。

十一、冲天剕

依上式撒開左手。用單手提撾、使撾頭略略點地。順勢轉身，作落鎗勢。然後運足全力。翻身掄撾。向左斜上方剕去。主力在筆尖。故撾背向下。與斧法中之鷂子翻身略同。勢如下圖。

十二、雷鉞劈木

此與斧法完全相同。乘上法之餘勢。向左方或右方起一側面花。然後雙手掄撾。向右斜下方或左斜下方劈去。主力在筆。勢如下圖。

十三、橫掃千軍

依上式不必收回筆撾。乘其下劈之勢、略向側面宕出、只須轉手就地起掃捲入敵人下三路。撾掃以一周爲度、不啻在地上畫一絕大之平面圓圈也。掃時筆尖宜向敵、勢如下圖。

十四、截刺

依上勢瞻敵人之所向。如敵勢向右。則橫撾於左以迎之。敵勢向左、則橫撾於右以迎之就其所宜、用筆橫刺之。蓋此法可兼上中下三路之用也勢如下圖。

十五、後宕撾

此與回馬鎗相似。乘截刺之餘勢。右手將撾抽回。左臂斜垂緊貼撾柄。作拖鎗勢。轉身向右。邁步前行。此爲誘敵。敵如來攻。卽注全力於左臂。向外略一宕。急向後撾去。亦可用筆尖橫攔刺之。與回馬鎗異者。彼須轉身前直刺。此則不必轉身。順勢向後撾刺也。勢如下圖。

中西書局本版圖書目錄

奇術書類

▲六壬論（六壬教科書）定價大洋四元 特價大洋二元
●風水地理眞傳……特價八角四分
●奇術叢書八十一卷（五元）特價大洋二元
●催眠術講義十卷……特價八角四分
●白光電球奇術（附電球）……實價大洋二元
●廣州符咒大全（五卷）……特價八角四分
●命[illegible]選大全（三卷）……特價大洋九角
●新學[illegible]造夢術（八角）……特價五角六分
●圓光眞傳秘訣（八角）……特價五角六分
●速成圓光神術（四角）……特價大洋二角
●扶乩眞傳秘訣（八角）……特價五角六分
●關亡召鬼秘訣（四角）……特價大洋二角
●祝由科治病奇書（四角）……特價大洋二角
●驚人相術全書……特價七角二分
●神靈符咒秘訣（洋裝）……實價大洋四角
●神仙萬法秘傳（洋裝）……實價大洋五角
●奇門遁甲秘笈（洋裝）……實價大洋五角

新小說類

●少林武術奇俠傳 五大冊……特價二元四角
●滬濱神探錄……特價一元九角二分
●五十年來豪俠史……特價一元九角二分
●博士外史 性海潮……特價一元四角四分
●紅槍會神怪奇俠傳……特價一元四角四分
●福爾摩斯自殺案（八角）……特價大洋四角
[illegible]（六角）……特價大洋三角
●[illegible]……特價大洋三角

實業書類

●中西製造叢書（三元）……特價一元五角
●畜養叢書（二元）……特價一元二角
●業外生利法（一元二角）……特價八角四分
●小資本營集法（六角）……特價三角六分
●實驗致富術（二元）……特價大洋一元
●化裝品講義（四角）……特價二角四分
●新奇廣告術（六角）……特價三角六分
●新奇銷貨法（八角）……特價四角二分

十八般武藝全書之十四

殳法

殳之由來

殳之由來已久、古人山居穴處。不免爲毒蛇猛獸之侵凌、又無銳兵利刃以禦敵。山間樹木叢雜。隨處皆是。往往折之以爲自衞之器。故別種兵器。或全用鐵製。或鐵器而以木爲柄。惟殳則完全木質。且構造亦異常簡單。自首至尾，並無機括。不過一渾圓堅質之木桿耳。於此可見古時各事之簡單、而原人之無機械心也。殳長約一丈二尺。粗細不等。蓋亦視人力而爲標準者。其質多用椐棗栗檜等木爲之。或取其堅實。或取其柔韌。總以不易損折者爲上品。若白蠟桿等。已嫌其太輭矣。殳法初無一定之組織。任意撲擊耳。後人實創之。惟嫌其太長。使展不甚便利。故改爲八尺。易名爲棍。後又以人體之長度爲準使殳及其人之眉間而止。名之曰齊眉棍。始有棍法之傳世。按棍之有法。實始於魏孝文時沙門跋陀入少林寺。始以棍法傳人。惟非僧不授。唐之曇宗。宗之明性。又繼其宗派而闡發之。故少林寺僧。至今以棍法爲護教之祖。祕而不傳。而世之言棍者。亦莫不推崇少林。於此可見殳法乃出自禪家。與拳術有相擊之關係矣。且今之人。皆知有棍而不知有殳。蓋因其更名已久。而長短又絕不相同。即雖知有殳。而疑爲與棍非一物。其實棍之製。則由於殳。殳之法創於棍。一而二。二而一者也。至於矜奇眩異。而必謂之二物。而殳另有其法。則我又不知殳法之果何在而創自何時也。

殳之構造

殳、古以木製。取材於棗栗等樹。以天生者爲上。否則必去其皮而刨製之，使粗細合度。全體挺直。兩端各用一鐵箍箍之。以防其過堅而破裂損壞。一殳之重。大約不及十斤掄舞非常輕易。此外又有鑌鐵棍熟銅棍等，皆沿其制而易其質者。重量二三十斤六七十斤不等。要非有實力者。不能用也。銅鐵棍與木棍。大體相同惟兩端不用鐵箍耳以上爲棍之正宗。其餘如上端加一龍虎獅豹等頭者爲杖。離下端尺許而橫置一桿者爲拐。兩端粗細不等。形如番茄者爲棒。皆棍之變相。蓋後人就棍之形而更變之再將棍法割截而融變之另成一家耳。

殳之使用法

殳爲長兵。使用之法。與鎗刀等略同。惟手法共分數種。雙手擊棍時。有合盤手、（卽陰手）有擊天手、有覆盃手等之分。隻手擊棍時。有提龍手、拗折手、中平手等之别。故與他長兵之單用提龍手。雙用合盤手者不同。棍攻人之主力在兩端二尺許處。至架格遮攔之禦敵處則在於兩手中間之二尺許處。故棍之全體。須用全力貫注之。用棍宜迅速。不可須臾停滯。自起手至殺手。須一氣使完。務使有絲毫破綻。蓋以木器與鐵器對敵。已不易敵。若有破綻。更被人所制。故諺有漫刀急棍殺手鐧之說。且武術重二到棍既舞動迅疾。手到之處。眼亦隨之。比步法之眼。更須靈活。因非但易爲人械所襲。若不到棍且易爲人奪去身法步法。亦宜隨勢變換。不可泥滯。

殳之二十五法

殳法共二十五。蓋始創時之真傳。非後人增加而眩奇之法。亦如羅漢拳之有先天後天之判也。傳至今日。則有少林百八棍之稱。又有所謂取經七十二棍。云係孫行者所遺。跡近荒誕。乃世俗不察。以訛傳訛耳。又有所謂風魔棍者。則散漫無序。實不知其妙處之所在。豈胡劈亂擊。即不傳之妙耶。然無論何種棍法。要不能跳過此二十五法也。茲編以二十五法爲主。不涉他種棍法者。重母法也。世之言棍者。亦應以此爲宗。庶得其神髓耳。茲將二十五法次序錄後。

（一）高搭袖　（二）邊攔　（三）四平鎗　（四）陳香劈山　（五）仙人坐洞　（六）孤雁出羣　（七）地蛇　（八）拔袍獻帛　（九）莊家劈柴　（十）烏雲蓋頂　（十一）敬德拉鞭　（十二）通袖勢

（十三）高弔四平　（十四）烏龍翻江　（十五）掃棍　（十六）霸王上弓　（十七）高搭手　（十八）倒拖荊棘　（十九）單提手　（廿）金雞獨立　（廿一）攔擋勢　（廿二）秦王跨劍　（廿三）挾衫勢　（廿四）左撻　（廿五）鳳凰展翅

殳法動作

（一）起手高搭袖

先正立。左手卓棍於地。在左前斜方。將右提起握棍之齊肩處。左手勒下。左足起一丁勢足跟離空。足尖點地。同時將棍向左斜上方梟去。用合盤手。式如下圖。

（二）邊攔

依上式將左足開出一步。右足曲向右方。成右側弓步。同時將上梟之棍。轉手從左方捲下。至齊腰時向右攔擊。式如下圖。

（三） 中四平

依上式提起左足。向右轉身。棍略泛起。舉至平腰。向右攻敵人左腰。兩足分開。膝挺直。身略偏左。式如下圖。

（四） 陳香劈山

依上式兩手互易地位。變左後右前。然後將右足前進一步。成絞花步。同時將在右側畫一大圈。從後泛起。向前劈去。式如下圖。

(五)　仙人坐洞

依上式兩手仍復原地位。在胸際成交叉形勢。左上右下。左足曲向左方。右足躺出。變爲躺步。將棍從下泛上。右手置膝上。左手置肩際。式如下圖。

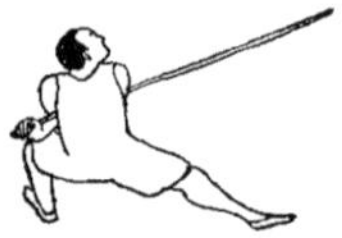

(六)　孤雁出羣

依上式收躺步爲左側弓步。撤棍向左後方。(式如下圖)然後作勢向右上方劈去。變左側弓步爲右側弓步。與上圖成反對方向。

（七） 地蛇勢

依上式急轉身向後。兩足成斜蹲步。雙手掄棍。向左側用力擊下。右臂直垂。左臂斜出。頭略向左。式如下圖。

（八） 披袍獻甲

依上式收回蹲步。變成右側弓步。起身時先反左手。將棍上超。然後再反右手泛混向上。左手用力向下逼去。棍置胸際成左下斜狀。式如下圖。

（九） 莊家劈柴

依上式轉身向後。變右側弓步爲左側弓步。同時將棍上豎。然後向右下方用力斜劈。頭略偏右。式如下圖。

（十） 烏雲蓋頂

依上式起一花。兩手變換握處。左前右後。然後將棍從後方泛起。高舉當頭。用力下劈。此時身體向右。右足成右前弓步。式如下圖。

（十一） 敬德拉鞭

依上式再撒開左手。將棍向右作一躺擊。然後右足攏左一步。變為反向之右側弓步。右手拖棍。左手向後發掌。頭向後旋。式如下圖。

（十二） 通袖勢

依上式隻手將棍捲向左方。左手搶接。同時身亦旋向反方向。足成左前弓步。然後將棍猛力向左面橫擊。式如下圖。

十一

（十三） 高弔四平

依上式收回弓步。兩腿挺直。乘其上挑之勢。轉過雙手。向前下方直擊兩臂與棍。略成弓形。頭略偏左。式如下圖

（十四） 烏龍翻江

依上式之餘勢，右足前展一步成右前弓步用左棍從斜上方向外畫一半圓。捲向前下方，以取敵人脛骨式如下圖。

（十五） 掃棍

依上式。左足前進一步。作正面馬步。將棍下壓。離地約三寸許。然後向左掃去。至足下時。雙足上躍起。棍從足下掃過。以一周爲度。其式略如掃堂鎗等法。式如下圖。

（十六） 霸王上弓

掃過一周之後。身略領高。棍橫置左膝上。上身向後略作倚靠勢。左膝微屈。右膝深屈。取虛實相生也。此爲安閑迎敵法。式如下圖。

（十七）高搭手

先將上身，向左冲起。變馬步爲左前弓步。左手單提棍。向外捲出。棍直豎。右手向後撤出。面對左方。此爲格攔敵械之法。式如下圖。

（十八）倒掩荊棘

依上式轉身。兩手掉換。右手緊握棍末。折棍向下。然後泛向斜上方取敵。左手撤出。以亂敵人之目。身體頭部。俱與上式同。惟此因轉身退後一步耳。式如下圖。

（十九） 單提手

依上式將棍從右斜下方泛起。往左斜上方猛擊後。左手卽須接住棍之中段。然後右手撒棍上梟。左手按棍反手下壓。再向右上方作提勢。式如下圖。

（二十） 金雞獨立

依上式將棍提起。同時轉身向左。左足上提。右足直立。用長合盤手握棍。作上超勢。此爲無中生有法。攻守皆宜。式如下圖。

（二十一） 攔擋勢

依上式起花轉身用雙陰手握棍。變獨立步爲前右弓步右手舉棍上梟臂屈。左手折棍下壓。臂挺直。上身向前頭部略偏向左。此爲攻守並用之法。式如下圖，

（二十二） 秦王跨劍

依上式起一騰步。變前右弓步。爲左前弓步，上身移向左方。同時用端向前畫一小圜。右手折下。從橫面猛擊。左手退向後方臂略屈。此係轉守爲攻之勢。式如下圖。

（二十三）挾衫勢

乘上式餘勢。亟變雙陰手爲合盤手。右足前進一步。成右前弓步、兩端畫一大圓、（按此卽絞棍）、然後左手泛至頂門。向前下擊、右手抱棍護腰際。肘緊貼棍、臂緊貼脅。式如下圖、

（二十四）左擄

依上式。左足躬進一步。成右後弓步。左手略收攏、先棍向後。用左小臂貼伏棍上。使全力聚於肘部。然後逼棍向右方橫擊、右手略伸直。式如下圖、

（二十五） 鳳凰展翅

依上式雙手聚握中段。向左右起花。身亦隨之旋轉。至三匝爲止。仍復方向。即撤左手向前側掌。同時右手逼棍向下後方撇去。式如下圖。

十八般武藝全書之十五

雙鐧法

雙鐧之由來

鐧爲短兵之一。形方有四棱。連把約長四尺。因形似簡故名。鐧無刃。每距六七寸有節者。名竹節鐧。自把至端。完全平直者。名方棱鐧。蓋以形之不同而變更其名也。考鐧之由來。與劍爲同時。至二十四法之出。則在秦漢以後。創自何人。亦不復可考。惟以短兵利於步戰之故。後人多有習之者。卽今南北拳家。類能嫺之。亦正如單刀鞕鞭之攜帶便利。可隨身防護也。惟鐧無單用。法重雙行。故後人有雌雄鐧鴛鴦鐧等名。亦矜奇眩異。增減原有之二十四法而另立門戶者。然終脫不了此母法也。且有用長兵之人。而藏鐧腰間。以防不測者。是則鐧爲短兵而兼爲暗器矣。此大都皆後人之自作聰明。立僞欺人。不可爲訓也。世之學武者。宜遵古法行之。庶不至多所背謬。

鐧之構造

鐧之製。用銅或鐵。長四尺。把約八寸。把與鐧啣接處。置一鈍鐲護手。如銅盤狀。近護手處。鐧粗約二寸見方。愈上愈細。直至其端。變爲方錐形。旁有四棱。雖不如刃之銳利而棱角隆起。亦足以制人死命。上端之錐。亦可作擊刺之用。把之末端有吞口。略如鑽形、惟不銳利。吞口上繫一環。環扣以絲絃或牛脊筋之套索。以便用他器襲人時。可以懸鐧於腕。而不至墮落也。卽俗傳之虎口環子金索也。鐧之重量無一定。大約以雙鐧三十斤爲適合。輕者不及二十斤。最重者雙鐧且至六七十斤。是則非實力勝人者不能用矣。總之用鐧之輕重。亦惟其人之實是視耳。　以方棱者爲正宗。其餘如虎骨竹鞭等式。皆爲異端。甚有爲鐧鞭者。張冠李戴。殊見其名實之不符耳。故不備錄。

雙鐧使用法

十八般武藝中。惟鐧爲雙器。使用之法。與長兵固截然不同。卽與普通之短兵。如劍鞭之類。亦頗有出入。雙器有左襲右攻。右襲左攻。或雙鐧同攻。或雙鐧齊襲。且有左右上下。並行攻襲。是不啻一法。含有兩種動作。而化成二法。使單器眼法。只須顧到械之主力地。雙器須左右並顧。兩不可忽。單器手法。兩手用於一械之上。故攻襲之方向相同。雙器則左右不同其向、攻襲不同其法。又須並進。實較爲難。惟身法步法。同以矯捷騰踔爲能事耳。故習鐧者。須先練手眼。練習之法。初步不仿徒手行之。務使兩手不同其用。如左擊右梟。右攔左宕。右點左格等。反復行之。其初必感生硬强拗。久成自然。至左右手可以各自用爲止。同時眼法亦須練至雙方兼顧而後已。再進一步用鐧依前法行之。至掄舞純熟。無疵可尋爲止。至此更以二十四法以羈勒。使無散漫之弊。故曰習鐧者、宜格外注重手眼也。

雙鐧二十四法次序

雙鐧二十四法。極神化不測之妙。其間各法。絕不相同。無一重出者。與筆相同。蓋一手有一手之深意。一手有一手之妙用。能盡此二十四法神化。儘足以制敵。正無賴乎重疊也。鐧之制敵。注重擱攔。間亦用鐧端錐作點刺。然非匆忙不及轉手時不用也。且短兵攻敵。全在乎步法之進退迅速隨時變換。此尤學者不可不注意者也。茲將二十四法錄下。

（一）雙嶽鐧　（二）秦王鞭石　（三）玉帶圍腰　（四）大鵬展翅　（五）白龍歸海　（六）右攔擊　（七）左劈頂　（八）雙龍戲珠　（九）退步順掃　（十）殺手鐧　（十一）分水鐧　（十二）金剪截蛟　（十三）左撇　（十四）懷中抱月　（十五）雙峯並峙　（十六）左沖刺　（十七）轉手右劈風　（十八）獅子大張口　（十九）雙夾背　（二十）迴旋宕　（二十一）脫袍讓位　（二十二）雙蓋頂　（二十三）雨打殘花　（二十四）鐵犂鋤地

雙鐧二十四法動作

一、雙撇鐧

正立右臂下垂、左手捺鐧。兩臂同時向前方畫一順圈、右手接握一鐧。蹬足右開一步。雙鐧先向左一宕。然後用力向右撇去。右鐧與臂成平線、左鐧貼右臂。用右側弓步。式如下圖。

二、秦王鞭石

收回上勢兩臂成交叉形。右前左後。然後右鐧向左上。左鐧向右下。起一正面大花（以後夾花仿此）至原位時。右鐧向前下猛擊、左鐧藏於脅際。右鐧尖前向。左鐧尖後向。用右前弓步。式如下圖。

七、左劈頂

此爲左擊右擋之勢。依上式右鐧從上方向後畫一大圈。左鐧從下方向後畫一大圈。然後將右鐧捲入自己左腰際。成朝天一柱香勢。同時左鐧向前下猛擊。式如下圖。

八、雙龍戲珠

此法與玉帶圍腰勢略同。惟彼則左右並進。此則少見參差耳，先起一大盤頭花。用左鐧從旁擊敵人頭部。再轉身進步。收左鐧平舉於後。同時用右鐧如法擊之。式如下圖。

九、退步順掃

依上式第二勢。雙鐧平舉。右前左後之右前弓步。將右足收囘。起一騰步。順勢向右掃去。以一周爲度。手法不變。身略下沈。式如下圖。

十、殺手鐧

依上式收右鐧。藏於左肩後。左鐧仍照前式。轉身向左邁步。進二步後。左鐧向後虛作一刺。收囘後急向右大翻身。右鐧從左下泛至右上方。猛力下擊。式如下圖。

十一、分水鐧

依上式收雙鐧於胸前。作一揆腿。鐧把點地。然後騰步起身。全身直立。雙鐧向左右用力分去。作平舉勢式如下圖

十二、金剪截蛟

此爲刺攔並行。虛實相生之法。依上勢。雙從側面向後畫一大圓。先發左鐧在腰際縮出前刺。攻敵右腰。迨其閃避。再發右 十
鐧從側面攔擊之。式如雙龍戲珠。但此向中路耳。圖不附。

十三、左撇鐧

收上勢向右側騰進一步。同時左鐧平舉。向左撇去。右鐧直舉。置左肩脅間。人體直立。式如下圖

十四、懷中抱月

此爲雙鐧格敵械勢。依上式起夾花轉身。雙鐧先向左右一宕、然後反手舉直、捲向懷中。勢略偏左。肘不貼肋。式如下圖。

十五、雙峯並峙

依上式左足側開一步。作一撲腿。鐧把用力點地。然後運足全力。雙鐧同向左斜上方直冲刺上。此時復左側弓步。式如下圖

十六　左冲刺

依上式起花。轉身復元方向。向左側騰進一步。左鐧上冲。刺敵上部。右鐧從側面下擊。攻敵下部。式如下圖。

十七、轉手劈風

依上式收步直立。鐧藏胸際作抱月勢。然後將右鐧向後劈去。旋身右轉。再用左鐧向下劈去。方向與抱月勢同。式如下圖。

十八、獅子大張口

乘前勢之餘力。將左鐧提起上梟。高過頂門。鐧尖向右。右鐧用腕綰一反圜。向前平刺。身體直立。式如下圖。

十九、雙夾背

雙鐧向左右一分。蹬足轉身。各向上縮一半圈。至前面時。向前擊去。以擗敵人之背。鐧直舉。尖略傾前。式如下圖。

十八般武藝全書之十五

二十、迴旋宕

依上式雙鐧先同向左方畫一大圈。至右方時。略提入胸際。向左宕出。再轉逆勢向右畫一大圈。至右腰際時。往懷中一提。向右宕出。勢與雙撤鐧相同。惟彼係平出。此則向斜下方耳圖不附。

二十一、脫袍讓位

收上式自左上方將雙鐧從背後盤向右方。鐧尖向下。鐧身直垂。即背花勢。至右肩際時。約鐧使平舉。向前橫攔擊。攻敵上盤。式如雙撇。但鐧向前方耳。圖不附。

二十二、雙蓋頂

依上式之餘勢。再向左雙宕。雙鐧齊向左側畫一陰陽圜。自前而後。泛向正中。雙鐧合併猛力下擊。此亦專取頂門之法。

二十三，雨打殘花

依上式收回雙鐧。先將左咽從下泛右畫

一大圜。向前擊去。右足急跟進一步。同時右鐧從下泛左畫一大圜前擊。如是反復二次。式如左劈頂，但轉身連續行之耳。圖不附。

十八般武藝全書之十六

鈀

鈀頭之由來

鈀頭本爲農具之一。並非兵器。乃神農之遺製。其來歷亦甚悠久。與弓弩矛盾。無分前後。蓋卽今日農家用爲翻曬米麥之具也。本用木質。其更爲鐵質而爲兵器。則不知始於何時。因年代過遠。實無從考究。虞喜志林載。賀齊好軍事。兵甲器械。極爲精好。鈀爪叉棍。咸取上材。此卽古人用鈀之明證。而亦見鈀之在武藝中。爲不可缺者也。至西遊記載猪八戒用釘鈀事。雖屬小說寓言。不足爲據。然鈀頭盛行於當時武藝中。概可想見。良以鈀有齒。可以築擊。齒上有盤接柄。形略如鏡。可以冲擊。反手則如用斧鉞。擊搖等法。無所不宜。柄又能挑格肘擊。實較他器爲便。其盛行於鐵器時代也。亦固其宜。惜

平鐵器進爲火器。人都視武藝爲不足重輕。其法隨至失傳。今無論南派北派。恐擅此法者。百無一人。亦可見國人之不能保存國技也

鈀頭之構造

鈀頭以鐵爲柄長九尺餘柄末無鐨柄端置一長方形之鐵板。厚約四寸許長一尺八寸。闊一尺。其式與鏜無異。鐵板之一面裝長七寸許之銳齒其數或五或九。甚有密排至十數齒者。此名單面釘鈀。又有在鐵板之兩面。各裝銳齒若干。名爲雙面釘鈀。惟兩面之齒數相等每鈀自四十斤至七八十斤不等要視用者之實力而定。其形完全與農家之翻麥器相同。不過易木爲鐵而已

鈀頭之使用法

鈀頭用法。與斧略同。斧首重砍劈。鈀頭首重築擊法。斧有擱摔沖擊等法。而鈀頭亦有

摇冲擋撇等法。雖主力點各有不同。而足以制人之死則一也。鈀頭之主力在於齒。用齒攻人名曰築擊。其次重背。用背攻人。名曰翻擊。次旁鎚。（按卽鈀頭兩旁之處）用旁鎚擊人。名曰摇擊。再次鈀面。（按卽鐵板之平面）用鈀面擊人名曰擴擊。其末在柄。用柄擊人謂之搗擊。用柄禦敵。則有格、架、挑、撥、攔、擋、盡七法而無點逗。因柄末無鑽故也。

鈀頭在掄舞時或用單手。或用雙手。惟單手只用右手而不用左手。且不常用。雙手則重陰陽手。（卽合盤手。）惟攔架二外。用雙陰手外。餘均用陰陽手。至其步法。進退無定。頗爲散漫。不似刀槍等法之井井不紊。此可見古人之不拘拘於一端。隨機應變。因地置宜。取勝之道。全在於是。非若今人之專以刻板之武術。而自矜於時也。

鈀頭二十一法之順序

鈀頭有雙齒單齒之分。雙齒鈀世所罕見。亦無專法。且雙齒鈀。卽依單齒鈀增加一面釘齒而成。故使法亦宜宗單齒。單齒鈀共有二十一法、此二十一法爲宋人所傳下。雖非始創之古法。然在宋元鈀頭盛行時。講究其法而使之合用者。頗不乏人。其棄糟粕而存精髓也。概可想見。除二十一法之外。又有所謂釘鈀八十四路等。非但不見精華之所在。并此母法而棄之。且未必盡合實用、累贅異常。更嫌複疊。不足以言武術也。如能熟習此二十一法。端詳推究。變化無窮。循環相生。又豈只八十四路已哉。母法之次序錄下

(一)大鵬展翅　(二)擿擊　(三)右翻擊　(四)鐵牛鋤地　(五)宕擂擊　(六)翻身探海　(七)攔擊　(八)橫築擊　(九)朝天一柱香　(十)烏龍攪江　(十一)撥草尋蛇　(十二)單提築　(十三)挑格　(十四)雙手托山　(十五)三花蓋頂　(十六)擿擂擊　(十七)懷中抱月　(十八)翻擿擊　(十九)五雷擊頂　(二十)倒曳牛尾　(二十一)獨立朝陽

一　大鵬展翅

先正身直立。左手卓鈀。鈀面向上。頭前向。次將鈀略略提起。進前一步。左足前出。作寸腿。同時左手舉鈀平出。右手作側掌。兩手平舉成一字形。鈀直。此爲起勢。式如下圖。

二　擿擊

依上式左足着地。右足跟進一步。同時右手亦握鈀柄、掄花一圈。向後略退作縮勢。然後猛力前冲。全身向前。足作右前弓步。鈀齒向下。鈀柄末端貼肘護腰際、式如下圖。

三、右翻擊

依上式將鈀頭向左虛宕。同時足起騰步。變右前弓步爲右側弓步。運臂力貫注於鈀。然後縮右手與左手相並。側轉鈀面向右方猛擊。此爲取敵中路之勢。式如下圖。

四、鐵牛鋤地

依上式之餘勢。順向外宕。同時起一左騰步將鈀在肩旁畫一圓圈。從上斜方面下猛築。勢須帶斜。不可徑直蓋取敵人之下側面也。式如下圖。

五、宕播擊

依上式將鈀向上提起。至平腰爲止。然後先向左一騰步。成左側弓步。同時用鈀之旁鎚。向左宕擊。連起右騰步。如上法用旁鎚向右宕擊。此爲取敵人中路之法。式如下圖。

六、翻身探海

依上式乘其餘勢。向外一虛宕，然後從左面轉身向後。同時將鈀泛至斜上方。待脚跟立定。用鈀猛力向左斜下方築擊。此係覘前顧後之法。人不易防。式如下圖。

七、攔擊

乘上式下築之勢。急先將右手移握鈀柄上端。離鈀約三尺。左手亦須跟進。離柄末亦約三尺。然後進步用柄從橫側倦入。向敵猛擊。此為攻人上路之勢。故身體直立。用絞步。式如下圖。

八、橫築擊

依上式收回鈀柄。側轉鈀齒向左。騰步轉身。乘迅疾之勢。順手用鈀齒向左側猛力築去。取上中二路皆可。視敵人之所在而定。此為虛實相生之法。用極便捷。式如下圖。

九、朝天一柱香

依上式右足開一步。屈成右側弓步。同時收鈀上舉。右手握鈀之中段。屈置肩際。右手則握末端。屈置腰間。鈀直竪。齒向外。此格敵誘敵之法。式如下圖。

十、烏龍擾江

此卽與刀中之大盤頭相同。依上式收鈀。右足收步。將鈀從右斜上方。折向左下。然後從背後宕出。翻向右斜下方。折右後宕出。再翻向左。如此翻覆行之。以三次爲止。因急轉不能繪圖示勢。

十一、撥草尋蛇

此與槍法中之撥草尋蛇勢。大略相同。彼則利用鎗尖。此則利用鈀柄。依上式收鈀後。左手移至右拳之下。鈀柄下卓。向左右探撥。然後提中。向前剔去。式如下圖。

十二、單提築

依上式收鈀後撤開左手。向左斜上方發一梟掌。乘勢轉身。右手單握鈀柄中段。由右斜下方。向後猛築。此爲詐逃擊敵之法。足用絞步。式如下圖。

十三、挑格

依上式單手提鈀。向左挽一大圈。急亟轉身。同時左手接住鈀柄與十一勢同。迨復原位時。用力向前猛挑。左手以伸直爲度。右手屈置肩際。略作捎物狀。式如下圖。

十四、雙手托山

依上式退後一步。上身沉下。足作馬步。兩手分開如第七勢。先向下略一平壓。然後泛起着力上托。鈀頭在右。鈀身略左斜。鈀齒向外。頭部後仰。目上視。此爲抵敵之法。式如下圖。

十五、三花蓋頂

依上式收鈀起一大盤頭。折鈀使齒向下。盤過頂門時。先向正中一築。次左右各一築。與钁牛鋤地略同。惟彼斜築。此則正築。彼則並雙手於末端。此則左手握末端。右手握中段耳圖參看殳法第十圖。鈀齒向外。

十六、撞擂擊

收回上勢。左足向外出一步。上身轉左。成左側前弓步。將鈀往裏一縮。向左作撞擊。

鈀齒向下。乘其餘勢。收轉身軀。成右前側弓步。順手用旁鎚向右擂去式參看撞擊旁擂二勢。

十七、懷中抱月

依上式收鈀直竪。左足攏上一步。兩手握鈀。右上左下。如抱物狀。用旋步從右轉身一周。此蓋以鈀柄擋格敵械之法。但鈀柄須舉出胸圍之外。否則即爲無用。圖參照大刀法中之格勢。鈀齒向外。

十八、 翻擋擊

依上式起騰步夾花。先將鈀向左一宕。用絞步然後起右騰步。轉手用鈀向右方猛力擋擊。變絞步爲右側弓步。身體向右。鈀頭向上。此乃取敵人上路之法。與旁相同。圖可參看。

十八般武藝全書之十六

十九、 五雷擊頂

此爲鈀法最猛之法。亦如鐧之有殺手。鎗之有回馬也。依上式宕鈀向後再盧作一左擋。以亂敵人之目。然後翻向後面右手攏靠左手。儘力向正中猛力築下。勢如翻身探海同。惟兩手同握柄末。圖見上。

二十。 倒曳牛尾

依上式翻身向後。急飛騰步。鈀撤於後。鈀齒向右。追足步立定之後。從右向左方橫築。用前左弓步、身體直前。頭部略偏左、左手握柄置腰際。右手握柄與左肩成平線為度。式如下圖。

二十一、 獨立朝陽

依上式移開右手。使復原處。然起一盤頭。轉身一周。左手撒開。向斜上方發一掌。同時左足前挑作寸腰右足微曲身下沉。右手倒提鈀頭下築、鈀齒向後、鈀柄緊後背此為煞尾收勢、式如第一圖故不贅錄。

十八般武藝全書之十七

綿繩套索七法

綿繩套索之考證

綿繩套索。不知始於何時。亦並非兵器。臨陣時用者絕鮮。蓋一尋常之綿繩。兩端結作鎚形。長約一丈二尺。構造至爲簡單。用法亦止九勢。爲一種暗器。似飛鏢袖箭之一類也。若用爲架格攻擊。則非所宜。此物法雖簡單。用之者非功力充足不可。古人云。斷鋼易而斷水難。用硬器只須力足以舉其器。卽可指揮如意。用輭器者須貫其力。使輭者亦變如鋼條。然後始可以臨敵。故輭鞭流星鎚等之不易習也。習輭器者。須能將兩臂之力。運入其械。此則非精於輭功者不能也。綿繩套索。爲器中之尤輭者。較諸輭鞭流星鎚爲更難。

綿繩套索之構造

綿繩套索。以極細之綿紗。複疊緶之。至拇指粗細爲止。長一丈二尺。兩端各結一繩球。如雞子大小。末綴二寸餘之短鬚。此爲綿繩套索之正宗。此外又有錦套索。雞爪套索。皆略變形式耳。錦套索則以錦繩爲之。並兩端之一尺許。皆繫小鈎。以備鈎人之用。雞爪索者。卽將兩端之繫活絡鐵爪。平時爪開。着物則爪自合攏。如手之爪物狀。其餘如飛砣等。雖亦自綿繩套索中所化出。而形式用法。已截然不同。故不贅述。然綿繩爲古製。終嫌易斷。後改爲熟絲製。間亦有用動物之筋絡製者。則較綿繩爲堅牢。卽敵用利刃割之。亦不易斷。

綿繩套索之功能

綿繩套索。既爲暗器之一種。用活結扣諸腰際。臨急用之。可轉敗爲勝。用法如敵爲步戰。則出索用掃地龍勢取敵腿部。索輭如綿。着物易盤繞。且決不止一匝。迨其既着。卽可用力曳倒之。敵爲馬戰。則宜取其腰部。拖之下馬。若欲制敵人之死命。則盤繞其頸項。負之狂奔。總之綿繩套索之取人。全在乎使人傾跌。手眼宜加二敏疾。稍一遲鈍。索爲敵所執。則危險矣。故錦套兩端有小鈎也。錦索之得力處。全在於兩端之倒鈎。一着人身。數鈎齊入。又不能搶奪其索。如巨魚之遇滚鈎。無可擺脫。雞爪索則得力在雞爪。一着人體。爪卽深入。再一撕曳。愈陷愈深。卽敵能搶住錦索、受創必巨。亦不易掙扎也。故套索一物。表面雖無特異。而正有驚人之功用。

綿繩套索之練習法

綿繩套索之練習。頗非易易。首先須習輭功。務至全身之力。可隨意運用於各處。而無所阻隔。如我欲運之於臂。則力注於臂。我欲運之於指。則力注於指、（練習法參看附錄之十二段錦）輭功純粹。第二步須練手法。上下左右。務使能圓轉自如。捷如飛準。

練手法最要之點。卽用盤頭、夾花、掃地龍、大轉身四法。輪流夾雜熟習之、第三步練習眼法。凡發暗器。最忌複發。故眼法最重、套索亦爲偷襲之一。眼法必須正確。宜注重實地練習。(練法參看弓箭弩箭法中)此三步熟習之後、則套索之法盡矣。臨敵取用。可以隨機應變。百發百中矣。然而練手法眼法不難、練功實非易事。要非三年之功不可也。茲將七法錄下。

一、金龍盤玉柱

此法不拘左右行之手握一端。向敵人下部捲去。與掃膛鎗。地龍棍相同。惟略提高。大約在敵人之腿灣相近處。觀以下二圖。即可明瞭。並無特異之手法也。

二、玉帶圍腰

此爲攻人中路者法與前絕相同。不過將索提高。覷準敵人腰部。用力撒去。惟拖曳時。用力須較上下盤爲甚。蓋中路爲定盤。不易催倒。且此法最須敏捷。敵人搶索。較上下盤爲便利。若一得手。勝負即不可知。非若下盤之易取也。勢如右圖。

三、雲繞孤山

此爲取敵頸項之法。若我與敵同爲徒步。則直立我身。飛索繞之。若敵騎而我步。則索宜向上。我騎而敵步。索宜向下。若索已繞住敵人。只須用勁一收。咽喉受閉。立刻可失去其抵抗能力。須注意其閃身搶索。

勢如右圖。

四、虎爪爬山

此爲錦套索中之法。先握離鉤一尺許處。單手向前拋去。與金龍盤玉柱略異。蓋彼則自左右橫出。此則由上而下。彼則注重盤繞。此則注重鉤割。至拖曳之法。則完全相同。但鉤入肌膚。敵人覺痛。較易爲力耳。

勢如右圖。

五、雙龍探海

此爲兩端並進之勢。如上勢已劄住敵人一面。敵尙頑抗。手放前尺許。足進一步。急用餘一端。取敵另一面。使彼無可擺脫。此法可上下行之。而金龍盤玉柱之後。亦可行之。爲套索中最猛之法。勢如右圖。

六、飛鷹抓雞

此爲雞爪索中之法。與上述者大有出入。此飛鷹抓雞。完全用拋擲勢。而不用撒網勢。先握住索端之雞爪。覷準敵人。然後用力擲去。如不着。則牽索收回。有如放牽繩鏢相彷，但此爲正面或側面之取敵法。較易覩的。勢如右圖。

七、玉燕投懷

前爲正取勢。此爲背面取敵勢。握在爪手。或從肩際飛出。取敵之上路。或從腰間飛出。取敵之中部。亦如弓箭法中反射。但身旋力弱。最不易命中

非此中老鑿輪。不敢擅用此法也。（再爪索雖主力在爪。但匆忙時。間亦用索以取勝。學者不可過於拘泥。）勢如右圖。

十八般武藝全書之十八

白打

十字戰之派別

十字戰。係北拳之一種。爲學拳之初步。與潭腿。功力拳等同其功能。此拳雖寥寥無幾路。而拳術中一切重要動作已完全無缺。所謂提綱挈領薈聚精華者是也。初學者只須先習是拳。迨純熟之後變化無窮。其餘各種拳法。只須一經過目。即能得其祕奧。不必更尋師問友也。

十字戰之注意點

北拳與南拳。非但派別不同。即拳法步位亦迥異。南拳能於五方步內演習之。蓋拳多短靠。步亦短小北拳則不然長拳大步經丈地猶患不足。十字戰為北拳之初步。當然在空曠處演習為宜此拳一擊有一擊之用意。一踢有一踢之功能。無一拳一腿之虛設。學者於演習時。宜細心揣摩其命意之所在。不可粗心浮氣視如兒戲也。

十字戰之分路練習

十字戰一拳共分六路每路之拳數不一種種方法亦隨在變換。初學是拳者。往往嫌其冗長。若一氣演習。苦力有不足。一套拳畢。氣喘如牛。面赤如脂。甚有倚牆狂吼者。此初學時必有之現象。於身體上亦殊不宜。故於其勉力為之。不如分程漸進為佳。於是有分路練習之法。所謂分路練習者。起初或先習一路。每日勤行之。至打一路不覺其苦為止。然後再增一路。依前行之。逐漸增加不須數月。則可以全套連續演習矣。然後再逐路逐拳揣摩其用處。懸想其深意。而加以變化。則非但能夭矯自如。且足為百人敵矣。

十字戰順序

（一）渾元手　（二）怒貌抉石　（三）右括衝拳　（四）偷步　（五）左括衝拳（六）劈拳　（七）擂拳　（八）寸腿　（九）衝拳　（十）虛式通天礮　（十一）拖步衝拳　（十二）貫耳　（十三）拖步通天礮　（十四）護襠拳　（十五）蝎子肚（十六）大勾手腰步搥　（十七）寸肘　（十八）磨磐肘窩肚拳　（十九）腰步捶（二十）寸腿　（二十一）　磨磐肘窩肚拳　（二十二）聲東擊西　（二十三）獅子大張口　（二十四）衝拳　（二十五）貫耳　（二十六）護襠拳　（二十七）　蝎子肚　（二十八）大勾手腰步拳　（二十九）旋轉乾坤

十字戰圖說

（一）　渾元手

面南立。提兩拳於腰際。拳心向上。足並緊。兩手向左右同時作一圈。然後用力下伸。復正立勢。其初勢如下圖。

（二） 怒猊抉石

在原地將左手握拳。從前方向上高舉。右手握拳直垂。兩臂須直挺用力。不可使之彎曲。腰宜直。背宜挺。頭部正對前

方。努目前視。如臨大敵。式如上圖。

（三） 括衝拳

右足朝西面進一步。成旁面之弓步。左手從上方向右下方挽圈落下。右拳同時提至胸部。挽一小圈向右衝去。身亦隨時扭轉。此爲攻人頸部之拳法。手足須同時並作。發拳宜敏捷有力。式如下圖。

（四） 偷步

身體復原方向。右手從旁面舉至上方。左拳下垂。右脚不動。將左脚收囘。向右腿後之右方進一小步。此係變換方向攻敵之預備。右拳高舉。左拳下垂者。所以上護其腦。下護其腰也。頭宜向左偏。式如下圖。

（五） 刮衝拳

將右脚略爲提起。左脚完全着力。然後

右脚踏向左脚立處。左脚向左開出一大步。成弓步。同時右手從左方落下。向後下斜方擊下。右拳提至胸際。向左方用力猛擊。此係用拳背攻敵上部之拳法。迅疾出之。必能乘人不備也。式如下圖。

（六）劈拳

右手拳從後斜方向上泛起。用力向前劈下、左拳從原方向平落向後斜方、身體亦轉向前面。惟脚步仍舊。此係連攻敵人之拳法、且右拳從上劈下、人每出於意外。不及防範也、式如下圖、

（七）擂拳

兩脚不動。仍作弓步。左手亦仍置於後面之斜下方、惟右手從前方收肘至胸前。向內挽作一小圜、用拳背向下擂去。此係爲下一拳蓄勢之法惟右手挽小手時、只有肘以下之小臂動作、宜注意式如下圖。

（八） 寸腿

此拳甚簡單只須後面挺直之右腿。用力向前踢去。以攻人之下部。兼作進步之蓄勢。惟此腿與尋常之腿法不同。踢起時。只須離地約八九寸。發腿時。全在大腿着力。脚背平置。式如下圖。

（九） 衝拳

將踢起之右腿落地。前進一步。成弓步。同時右拳向前衝擊。左拳略作小圈。向後摔去。此係進步衝拳。並仗前一拳之蓄勢。神完力足。其鋒不易當也。式如下圖。

（十）虛設通天礮

左脚跟進一步。同時左右兩拳收囘至腹部成交差形。然後右拳向左上方挽大圓。同時左拳向右下方挽大圓。收右拳置腰際。左拳從下泛起。向上衝擊。須掌心向上手背向下。同時將右脚踢出如寸腿。此係撥開敵拳。上中下並進之法。最易制人。式如下圖。

（十一）拖步衝拳

先放右脚落地。向前方進一小步。左拳急向後垂擊。至斜下方爲度。此時手背向上矣。同時右拳向前方衝出。攻敵上部。此係敵人躲避上一拳之後。乘間襲取之法也。式如下圖。

（十二） 貫耳

上拳進逼已甚。敵必不及抵抗而閃避。此拳收右拳至後斜下方。用左拳猛力橫掠之。無論敵躲向左右前後、皆能及也。名爲貫耳者。明其注意點在耳根也。右足亦前進一大步。並將左足拖進一小步。左拳口向下。掌心外向。式如下圖。

（十三） 拖步通天歟

右脚再向前方進一大步。左脚跟進一小步。左拳下沉至後斜下方。右拳從下泛起。向上冲擊。肘略屈。拳口向右。掌心向內。此亦進步攻擊之一法。雖極簡單。然善用之。敏捷異常。敵人往往爲所算。而不及閃避。此拳主攻顎部。式如下圖。

(十四) 護襠拳

右足再向前進一大步。右足再進一小步。然後將右拳垂至腹部緊護其腎。左拳用力向前上方衝起、如第十二式。此係自衛之拳法。惟單行自衛。亦無大用。必衝左拳以警敵。使不肯驟進。此亦拳術中之虛實相映法也。式如下圖。

(十五) 蝎子肚

左足進一步。踏成弓步。將護腎之右拳移向後方。拳口向左、掌心向上。左拳同時向後作一大圜從下泛起一拳。掌心向上。拳口向外。肘屈至拳與肩平時爲度。雙目前視、此拳與通天礮相彷彿。亦攻人顎部者也。其式如下圖。

（十六） 大勾手腰步捎

左足退一步略成偷步形惟身體向左方。左拳同時落下與右拳置於相等地位。然後將身體向左旋轉。兩拳各向其順方挽一小圜。蹲其身作騎馬步、兩臂伸於各原方。惟略彎。此係轉身避敵之法。成馬步之後。將右拳收置腰間轉身

十八般武藝全書之十八

用右足進一步成弓步。同時左拳衝出式如上圖。

（十七） 寸腿

順上一拳之勢。急起左腿。向前踢去。以攻敵人下部。與第八拳之寸腿。略同其姿勢。惟此爲左寸腿、而左拳又前出。右拳置腰際。與前式不同耳。宜參考雙方。而發明其用意也。式如下圖。

十一

（十八）磨盤肘窩肚拳

左拳向後作一大襠。置左腰際。右拳同時向左撇去。左脚收囘左方。急提右脚騰步轉身。右拳先向旁發一拳。此時面向東。然後轉身向北兩拳向左右半分。臂略灣。其式如下圖。

（十九）腰步捶

將右拳從左下方泛起。當面挽一大圈。收置腰際。扭轉身軀。變馬步爲弓步。左拳同時向面之同位置捶出。拳與肩平。拳口向內。掌心向下。頭宜正向西南方。式如下圖。

（二十）寸腿

此一拳與第十七拳完全相同。不過十七拳之方向爲東。此拳則易而向西。其餘絲毫無異。式如下圖。

（二十一）磨磐肘窩肚拳

乘左足未點地以前。左足從左外方旋轉至東面點地。再提右足從右方轉至。正北。乘勢左拳當面挽一圖。收置腰際、右拳向正北打窩肚拳。此時成面西之馬步與十八手適成背方向之姿勢。式如下圖。

（二十二） 聲東擊西

在原處轉身變爲左弓步。左拳隨勢上舉。拳心向下。拳口向右。此係虛張聲勢。以亂敵人目光者。故左拳向上一幌之後。急須收囘。右足跟進步。右拳同時向前猛擊。此拳須神完力足。不似前拳也。蓋前拳係誘敵。此拳係制敵。式如下圖。

（二十三） 獅子大張口

先將右拳落下。置股際。左足前進半步。右足舉向右斜方略出少許。用足尖點地。身體略下沉。同時右手提至右上方拳口向內。掌心向下。左拳提向正前方。肘屈。掌心向上拳口向外。與右拳相對此係格敵之法。或預作此勢。以待敵至。式如下圖。

（二十四）衝拳

先收拳回原處護腰。舉左拳向上一揚。與聲東擊西略同。然後右足跟進一步。急發右拳向前衝擊。掌心向下。拳口向內。足成右弓步。此係虛實互用。進步衝擊之法。雖強敵在前。摧之亦甚易易。式如下圖。

十八般武藝全書之十八

（二十五）貫耳

此手與第十二手相同。將衝擊之左拳落向後斜方。左足行進半步。同時左拳自後方從左向右上斜方橫擂之。取敵耳根。與第十二勢不同之處。則惟有方向耳。前者向東。今者則向西矣。餘固無異也。式如下圖。

（二十六） 拖步通天礮

先將屈在前方之右足。前進一大步。在後之左足。亦跟進半步。左拳沉下。直垂後斜方。同時右拳從下泛起。猛力上擊。拳口向外。掌向身。肘部微屈。與第十三手相同。亦惟互易方向而已。式如下圖。

（二十七） 護襠拳

先將在前之右足。前進一大步。在後之左足。亦跟進半步。收右拳貼至胸際。然後向下舂去。置小腹下。緊護其腎。同時左拳從下向上衝擊。此手與第十四手相同。惟方向則彼東此西耳。式如下圖。

(二十八) 蝎子肚

先將在前之右足。前進一大步在後之左足。亦跟進半步。左拳同時拋向後斜方。護臂之右拳。略向上提。然後屈肘用蝎子肚勢。向上衝擊。拳直豎。腕略傾內。拳口向外。此與第十五手相同。式如下圖。

(二十九) 大勾手腰步拳

將右拳沉下。兩臂作灣垂勢。右腳退後一步。略成偷步形。然後將身軀正立。用力向右方旋轉。先時面向北方。直旋至正南爲止。同時兩拳各在其原方向上舉起。從當面挽大圈而下。至腹部時。各向原方用力分去。式如下圖。

（三十） 旋轉乾坤

先不變步法。惟將左拳向原方挽一小圈。身體乘勢正立。用力向左旋轉。面向北。此時右足居後。左足在前。右拳先起高。繼隨身體之扭轉勢捶下。兩拳灣垂相向成弓背形。式如下圖。

十八

依上圖左右拳各起一花。足起騰步轉身。收足並攏。雙拳下垂。復第一圖勢收拳。

（一）上下手各擺馬步手握實置腰間。面相向。上手頭部向左。下手頭部向右。各作怒視狀。二人相距約三個弓步之地位。式如第一圖。

（二）二人各將左腿躺出。右手置左腿灣。左手握拳置右脇下。此爲預備交手之姿勢。式如第二圖。

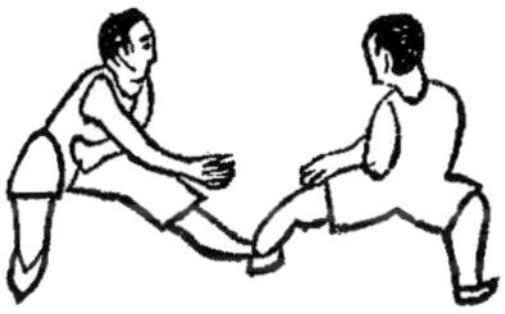

(三)

下手左足前屈。右足伸直。成弓步右拳同時向前猛擊。左拳緊護其腰。目前視。上手人之足。亦如前成弓步，左手護腰、右手握拳向上。肘屈。用力向左格之。式如第三圖。

(四)

下手人急收拳入腰際。然後將二拳用力分出。同時起右脚踢上手人臂部、上手人左足退後成弓步。急變右拳爲掌。向右梟去。同時起左手接住下手人之右脚。式如第四圖。

（五）

下手人急收回右足。作殿步。兩拳仍左右平舉。蓋作勢欲擊也。上手人右手接住下手人左拳。右手護腰。亦作欲出之勢。式如第五圖。

（六）

下手人急轉身將右拳向上手人腦門橫擊。足變絞步。上手人將身矮挫。讓過此拳。急用兩側掌向下手人肩背乘勢推去，所謂四兩撥千斤也。式如第六圖。

（七）

上下手二人。互易地位。其間須用騰步。上手人雙發側掌來擊。下手人如法抵抗之。式如第七圖。

（八）

上手人又用右手作前側掌擊下手人。下手人退後一步。用右手向前略作一圈梟住敵手式。如第八圖。

（九）

上手急收回右掌。握拳護腰。進前一步。將左手搶住下手人之肘。向前猛托。意欲使之扑跌。下手人於是乘勢變換其方向與步位。右手握前伸。頭向後視。式如第九圖。

（十）

下手人急進前一步。轉身用左手握住上手人右臂。向下掖。右拳藏腹旁。作勢欲前向超出。上手人起左作撐腿狀以抵禦。右拳仍藏腹。式如第十圖。

（十一）

上手人急發右拳前擊。同時跟進一步下手人急退一步。用右肘格之。式如第十一圖。

（十二）

下手人用右手握住上手人之右臂。作騰步之預備。其實此係虛設之境。蓋意固不在於借騰步發拳擊之也。觀下節自能明瞭。式如第十二圖。

（十三）

下手人急換步轉身。用左脚踢起。同時左拳亦前擊。上下並進。攻人之不備也。上手人亦轉身

進步。用左手格過其腿。右手亦作勢上梟。式如十三圖。

（十四）

下手不待其格。即收腿作殿步。變左拳爲掌。攻上手人之腰部。上手人亦如式

禦之。其右手置臂間者。蓋防人之接住。可以乘勢下勒也。式如第十四圖。

（十五）

下手人即進步直立。發掌擊上手人。然後起匾腿踢之。此亦聲東擊西之法、上手人退步。右手接住其右掌、左手又接住其腿。作向拽掖勢。式如第十五圖。

（十六）

下手人急擇去其上握之手。向前作一扑腿。上手乘勢換步用右掌劈之。下手急蹬身用右臂相格。式如第十六圖。扑腿勢與第二圖略同。故不備載。

(十七)

上手人轉身進步。用左拳從橫擂去。右拳藏腹際。作欲發狀。下手左足後退成弓步。用右手橫格之。式如第十七圖。

(十八)

上手人急乘勢將左手向前下壓。揪住下手人頭髮。下手人急收右拳。同時用左手接住上手人之腕。式如十八圖。按此即日本著名之頭髮擂也。

（十九）

上手人收回左手。前進一步。起右掌向下手人耳根擊去。下手人退後一步。收回左手。用右手接住上手人之腕。向左摔之。式如十九圖。

（二十）

上手人又發左掌來攻下手人之腰步、下手急用右手接住其腕。起右邊腿踢之。式如二十圖。

(二十一)

上手人將右手勒去下手人握己之手。急騰步向右。下手人跟進一步。用右插手攻其喉。上手人用雙掌乘勢梟之式。如第二十一圖。

(二十二)

上手跟進一步立。於下手人之背後用兩手向其背上用力切去。足成馬步。下手人一面用左拳向後擂之。足作絞步為騰步之預備。式如二十二圖。

（二十三）

下手急向左騰開一步。蓋敵居於後。無法抵禦。只有避之耳。同時起左掌向上手人頭部猛力劈去。上手人亦換步用左掌擋之。式如第二十三圖。

（二十四）

此短靠手也。下手進一步用肘槓擊上手之耳根。上手亦用短靠手向上臬去之。二人用同一之姿勢對敵。惟步法爲不同耳。式如二十四圖。

（二十五）

上手人梟去下手人之手後。即進爲後殿步。同時用左拳橫擂其腰部。下手人

亦乘勢變馬步。用右手往外擂之。手如第二十五圖。

（二十六）

下手人乘外擂之勢。轉身擒住上手人之腕。向右捩之。二人各作絞步。爲騰步

之預備。與第十二節同。惟上下手易地而處耳。式如二十六圖。

（二十七）

下手人將左手用力一捽。乘勢發左掌劈其頭。迨敵方上顧。急用右挑腿踢其臀。上手人右臂上梟。左拳預備擊敵脚背。式如第二十七圖。

（二十八）

上手人退一步。避去敵人之腿。急發左拳攻其腰。下手人跟進一步。用右手取其腕。各成弓步。式如二十八圖。

（二十九）

下手人握住上手人之腕。即換絞步。右手用力前送。左手從下面泛起。向上手

人肩上猛推之。意欲使之傾跌。再肘與肘對靠。向下按捺。式如二十九圖。

（三十）

上手人乘勢騰步向前。同時摔去敵握己之手。互易位置。用雙掌攻敵胸部。下手人退一步。亦用雙掌分之。式如三十圖。乘勢握其掌向後扳之。

上手用地陣攻下路。下手用箭步避之。

（三十一）

上手人收回雙掌。握拳護腰。飛右腿攻敵腹部。下手人急轉右手擋。步亦略變。式如第三十一圖。

（三十二）

上手人收回右腿。又飛起左腿取敵腎。下手人退一步轉身用左手擋之。此腿即世傳之鴛鴦腿也。式如三十二圖。

（三十三）

上手人收回左腿。發右側掌攻敵。下手人轉步用左側掌抵抗之。式如三十三圖。

（三十四）

上手人進步。急起拳左攻敵胸部。收右手護腰。下手人亦換步轉身。以右手握住其左腕。用力向懷中帶過。式如三十四圖。

（三十五）

上手人乘勢作一扑腿。摔去敵人之手。兩人各向前進一箭步互易地位。下手人轉身之際。急發右插手攻敵之喉。上手人用雙掌撥之。式如三十五圖。

三十六

下手人進一步。用肘靠敵頭部。上手人亦用左肘抵抗。一面用右手握其左拳撤去之。式如第三十六圖。

（三十七）

下手人前躺一步。成弓步。急發分水掌向敵猛攻。上手人退後一步。亦發分水掌禦之。式如三十七圖。

（三十八）

上下手二人。各勒腰收步。作寒雞步。又對面各起一旋風。落地復馬步。與起手同。步位距離。仍是三個弓步。式如三十八圖。

十八般武藝全書 附軟功法

軟功之門徑

十二段錦歌訣

閉目冥心坐　握固凝思神　叩齒三十六　兩手抱崐崙

左右鳴天鼓　二十四度聞　微擺撼天柱　赤龍攪水津

鼓漱三十六　神水滿口勻　一口分三嚥　龍行虎自奔

閉氣搓手熱　背摩後精門　盡此一口氣　想火燒臍輪

左右轆轤轉　兩脚放舒伸　叉手雙虛托　低頭攀足頻

以候神水至　再漱再嚥吞　如此三度畢　神水九次吞

嚥下汩汩響　百脈自調勻　河車般運畢　想發火燒身

舊名八段錦　子後午前行　勤行無間斷　萬病化爲塵

文八段錦讚功歌

熱擦塗津美面容　掌推頭擺耳無聲　攀弓兩手全除戰　搥打疼酸總不逢
摩熱脚心能健步　掣抽是免轉筋功　拱背治風名虎視　呵呼五臟病都空

十二段錦行功法

第一段　閉目冥心坐握固凝思神——盤腿而坐緊閉雙目將心中一切雜念概行屏絕脊直豎身不可倚靠雙手緊緊握拳置膝上此段以閉關却邪凝思存神爲主

第二段　叩齒三十六兩手抱崐崙——上下牙齒相叩作聲共三十六次崐崙卽頭以兩手十指互叉緊抱後腦掌心貼伏耳根徵徵呼吸不宜有聲凡九

呼吸而止叩齒所以集身內之神抱頭所以閉體中之氣

第三段　左右鳴天鼓二十四度——天鼓即耳門以兩手指平置耳門上疊左手食指於中指上然後作力下彈先左後右各行二十四次左右共四十八聲彈時須着力務使發聲極響夫耳根命之門也鳴之使耳聰而外魔不易侵矣

第四段　微擺撼天柱——天柱即是後頸骨通於脊梁者扭頸向左右側視肩亦隨之搖擺左右各二十四次此段以去心中之火而怯外魔

第五段　赤龍攪水津鼓漱三十六神水滿口勻一口分三嚥龍行虎自奔——赤龍即是舌頭將舌在口內左右攪動使津液集於口中然後再聚口中之津極力鼓盪之使之調勻然後分三次嚥下要汩汩有聲龍行之龍是神虎奔之虎是氣即氣足神完之意

第六段　閉氣搓手熱背摩後精門——此段與第一段形式略同惟以左右兩掌

對合極力摩擦先左上右下向左旋摩後右上左下向右旋各二十四次則掌心已極熱急分手按精門上摩擦之左右並行二十四次仍收手固握

第七段　盡此一口氣想火燒臍輪——閉口鼻之氣以心暗想運真陽之火下燒丹田此雖非人目所能見而運之者則覺丹田火熱真似火燒至此時急收氣斂火還趺坐原狀

第八段　左右轆轤轉——先將左臂曲灣連肩向左前旋轉作圜形三十六次然後右臂亦同樣行三十六次行畢仍握固其手如第二段時形狀

第九段　兩脚放舒伸叉手雙虛托——以所盤兩脚放開向前平伸兩手交於胸次手指交叉反[illegible]向上用力托去手背直對頂門然後徐徐落下再行上舉上下各行九次然後放手握固

第十段　低頭攀足頻——先將兩臂向前伸直手指向前手掌相對徐將上體屈

向下方雙手攀住足心上體與頭部成一線平形起復名十二次仍收手握固收脚盤坐

第十一段　以候神水至再漱再嚥呑如此三度畢神水九次呑嚥下汨汨響百脈自調匀——再用舌攪口內如第五段再鼓漱三十六次連前一次此再兩次共三次凡九呑嚥

第十二段　河車搬運畢想發火燒身——心想臍下丹田中如有熱氣如火急將氣運至穀道上升腰間背脊後腦後頂門止又閉氣從額上兩太陽耳根兩面頰降至喉下心窩肚臍下丹田止想似火燒全身皆熱

十二段錦之考證

十二段錦即以八段錦增加四段而成蓋因八段錦有不能普遍之故也然按此以上所有各法與市售八段錦所載迥然不同與近今學校所授之八段錦亦大異豈著者

故欲矜奇之異而眩人耳目耶非也考八段錦原有文八段武八段二種武八段係外功即今盛行於世者無論南人北人類多能之文八段係內功即十二段錦之所由仿也或曰既八段之何必貪多務得棄簡就繁而增爲十二段此亦因原有八段未能周遍故增之也總之此種功夫用意深收効宏而練習雖易而實難非有持久之精神不爲功故我謂武八段似難而實易文八段似易而實難剛柔互異疾徐不同其法固傳述而其玄妙所在實非筆墨所能形容要在學者之心領神會耳

十二段錦行功圖

第七段

第八段

第九段

第十段

第十一段

第十二段

十八般武藝全書附外功練習法

外功行功法

心　功——行功時先必冥心息思慮絕情欲以保守元神

身　功——盤膝坐時宜以一足跟抵腎囊根下使精氣無漏

垂足平坐膝不可低腎子不可着在所坐處

行功畢起身宜緩緩舒放手足不可急切

坐宜平直其身竪起脊梁不可東倚西靠

首　功——兩手掩兩耳門即以第二指疊中指上彈耳根骨作響可治風池邪氣

兩手扭頸左右反顧肩膊隨轉

兩手相叉抱頸後面仰視使手與頸爭力可去肩痛目昏

面　功——用兩手掌摩擦極熱然摩撫面部皆要周到再用唾沫入掌心向面上揩摩之

耳　功——宜按抑左右多次謂以兩手按兩耳輪一上一下摩擦之

平坐伸一足屈一足橫伸兩手直竪兩掌向前若推門狀扭頭頸左右顧各七次

目　功——每睡醒且不開目用兩大指背相合擦熱揩目十四次仍緊閉左右輪轉眼珠各七次、緊閉少時忽大睜開

用兩大指背曲骨重按兩眉旁小穴二十七遍又以手摩兩目顴上及旋轉耳根三十遍又以手逆乘額從兩眉中間始以入腦後髮際二十七遍仍須嚥液無數

用手按目之近鼻兩眦閉氣按之氣通卽止

跪坐以兩手按地回頭用力後視五次謂之虎視

口　功——凡行口功宜緊閉其口

口中焦乾口苦舌澀嚥下無津或吞唾喉痛不能進食乃熱也宜大張口呵氣十數次鳴天鼓九次以舌攪口內嚥津復呵復嚥俟口中清水生卽熱退涼生

舌　功——以舌抵上顎則津液自生潄而嚥之

齒　功——叩齒三十六可以集元神小便時亦宜緊咬其齒

鼻　功——兩手大指背擦熱揩鼻各三十六次

六字治臟法

六字者卽呵噓呼呬吹嘻六字也每日子後午前靜坐叩齒嚥津唸此六字可以去臟臟之病惟宜輕唸耳不聞聲又須一氣直下効應如神

六字行功歌

肝用噓時目睜睛　肺宜呬處手雙擎　心呵頂上連叉手
腎吹抱取膝頭平　脾病呼時須撮口　三焦有熱臥嘻寧

六字行功應時候歌

春噓明目木扶肝　夏日呵心火自閑　秋呬定收金肺潤　冬吹水旺坎宮安
三焦長官嘻除熱　四季呼脾土化餐　切忌出聲聞兩耳　其功真勝保神丹

六字行功讚効歌

噓屬肝兮外主目　赤瞖昏蒙淚如哭　只因肝火上來攻　噓而治之効最速
呵屬心兮外主舌　口中乾苦心煩熱　量疾深淺以呵之　喉結口瘡并消滅

呬屬肺兮外皮毛　傷風咳嗽痰如膠　鼻中流涕兼寒熱　以呬治之醫不勞
吹屬腎兮外主耳　腰膝酸痛陽道萎　微微吐氣以吹之　不用求方需藥理
呼屬脾兮主中土　胸膛腹脹氣如鼓　四肢滯悶腸瀉多　呼而治之復如故
嘻屬三焦治壅塞　三焦通暢除積熱　但須六字以嘻之　此効常行容易得

行功十要

面要常擦　目要常揩　耳要常彈　齒要常叩　背要常暖
胸要常護　腹要常摩　足要常搓　津要常嚥　腰要常揉

行功十忌

忌早起科頭　忌陰室貪涼　忌濕地久坐　忌冷着汗衣　忌熱着晒火
忌汗出扇風　忌燈燭照睡　忌子時房事　忌涼水着肌　忌熱火灼膚

行功十八傷

久視傷精　久聽傷神　久臥傷氣　久坐傷脈　久立傷骨　久行傷筋
暴怒傷肝　思慮傷脾　極憂傷心　過悲傷肺　至飽傷胃　多恐傷腎
多笑傷腰　多言傷液　多唾傷津　多汗傷陽　多淚傷血　多交傷髓

練功與治臟之關係

凡練習武術者不論內功外功胥以凝固精神爲主欲凝固精神又非排除一切思慮驅除一切疾病要不能成就以上所舉諸端皆備有病者依法調治使內臟堅實外邪遠引然後練習功夫則神完力足氣滿體充成功較易收効較速否則內疾不除外邪易犯縱使日習不輟非但不易望其有成抑且因此而受其賊害故世人往往言習跌坐者易成白癡習吐納者易成癆瘵此皆未能先行調治內臟不得其道致外邪侵賊

內疾增盛至成種種奇症而不可以藥救也以上所舉十要十忌十八傷等皆爲治臟法中最要關鍵學習者務宜牢記在心處處留意迨內臟既完固然後再依十二段錦逐段練習必能達到目的惟練習十二段錦時亦須按步就班不可間斷不可遺漏每日以子午二時各行一次爲最佳蓋子過陽生午過陰生合陰陽二氣而融會之則混然成太極之象神思寧靜機械不作一切雜念末由而興混元一氣功自易成若每日行一次者則須於子後午前行之其時約在清晨六七句鐘爲最宜蓋此時乃陰陽交泰之時猶得氣之盛也除此二時期外若任意行之必無利益再行功之地點宜幽靜無雜聲雜色之地爲佳若塵囂中大非其道蓋一有雜聲雜色觸於耳目神必亂氣必散神亂氣散而能成功者天下無此人也再十二段錦以柔爲主不宜有矯揉剛勁之氣不宜有貪多務速之心不可犯十忌十八傷否則不弄到以白癡癆瘵而殞其身不止也以上所述皆係理所必然非編者矜素眩異故作此危詞以聳人聽聞也深願習者三注意勿視余說爲河漢也蓋編者雖親身之經驗極鮮而常聆名師益友之教益

並種種可證之事實歷歷如繪而師友輩對於此道多三折肱者屢屢相戒茲編此書敢不以平日所知者公諸同好所以謹謹小心者亦正以示門徑防弊病也幸學習者善揣摩之